KB028599

학교 안의 인문학 1

사물 속에서 나를 발견하는 생각 도구들 12

학교 안의 인문학 1

오승현 지음

생각학교

목차

7. 가방 ____ 내 능력은 내 것일까

8. 출석부 ____ 나는 숫자가 아닙니다

9. 시계 ____ 시계는 기계 그 이상이다

10. 태극기 ― 애국이 애국을 죽인다

11. 교과서 ― 중립은 없다

12. 게시판 ― 시민 없는 시민 교육

사물에 대한 새로운 발견,
그리고 나를 찾아가는 시간

사물들은 시간의 나이테를 두르고 있다. 소중한 이가 세상을 떠나면 우리는 그가 남긴 물건들로 사람을 추억한다. 유품에는 그가 살아간 시간이 새겨져 있다. 우리는 유품을 간직함으로써 그의 일부를 곁에 둔다는 느낌을 받는다. 서랍이나 장롱에 고이 간직된 물건들에도 추억이 서려 있다. 물건 안에는 한 사람의 취향, 스타일, 콤플렉스 등이 켜켜이 쌓여 있다. 사물에 인생이 담기는 것이다.

누군가의 흔적이 아니더라도 사물은 중요하다. 사물 덕분에 삶이 가능하기 때문이다. 영양을 공급받고 몸을 가리며 비바람을 막고 먼 곳을 빨리 가는 등 목숨을 부지하고 편리한 생활을 할 수 있는 건 모두 사물 덕분이다. 또한, 사물은 삶을 풍요롭게 한다. 아이가 삐뚤삐뚤 쓴 첫 편지, 연인이 건넨 꽃다발, 정성껏

준비한 도시락 등은 우리의 감정을 물들이고 마음을 채색한다.

인간은 사물과 더불어 존재한다. 눈이 나쁜 사람은 안경의 도움 없이 생활하기 어렵다. 우리는 안경, 자동차 등 사물에 기대어 살아간다. 어쩌면 사물에 의존한다기보다 사물이 우리의 일부일지도 모르겠다. 스마트폰 없는 생활은 상상하기 어렵다. 어디서나 아이, 어른 할 것 없이 스마트폰에 머리를 박고 있다. 아이들은 평균 두 살부터 스마트폰을 이용한다. 스마트폰은 우리 눈과 귀를 확장해 더 많은 것을 보고 들을 수 있게 해준다.

한편 사물은 이용의 대상이 될 뿐 질문의 대상이 되지 못한다. 사물에 너무도 익숙한 나머지 우리는 사물의 겉면만 본다. 《어린 왕자》에서 어른들은 모자처럼 생긴 그림을 보고 하나같이 그것을 '모자'라고 답한다. 어린 왕자는 그림에서 '코끼리를 삼킨 보아뱀'을 본다. 보이는 것 너머를 본 것이다. 다른 것을 보려면 다르게 생각해야 한다. 사물의 피부 아래 속살에 가닿아야 한다.

왜 다르게 봐야 할까? 우리는 사물들 속에서 태어나 사물들과 부대끼며 살다가 사물들 속에서 죽는다. 세상은 많은 걸 가져야만 더 행복할 수 있다고 속삭인다. 더 많은 걸 사려고 아등바등 산다. 그렇게 산 사물들을 쌓아둘 큰 집을 구하는 악순환에 빠지는 것이다. 많은 이들에게 사물은 살아갈 이유가 된다.

이런 삶이 정답일까? 사물의 속살과 밑바닥을 응시할 때 삶을 돌아볼 수 있다.

이 책은 학교 교실에서 매일 마주치는 사물들을 통해 청소년들이 무심코 지나쳤던 일상의 구석구석을 돌아보게 한다. 그 과정에서 인문학적 사고와 통찰을 할 수 있는 '또 다른 새로운 나'를 발견하게 될 것이다.

왜 하필 학교일까? 청소년들의 삶은 학교에서 시작해 학교에서 끝난다 해도 지나치지 않기 때문이다.

1

거울

나의 얼굴로 살아갈 것

"오로지 당신의 얼굴이 되어라."

– 조르조 아감벤(철학자, 1942~)

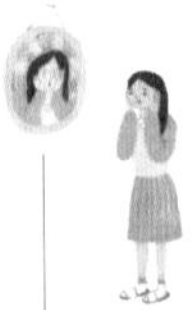

교실에 왜 하필 거울을 달아놓은 걸까

19세기를 대표하는 도시가 파리라면, 20세기를 선도하는 도시는 단연 뉴욕이라 할 수 있어. 뉴욕이 20세기를 이끄는 도시가 될 수 있었던 것은 두 가지 때문이었어. 강철 덕분에 더 높은 건물을 지을 수 있었고, 엘리베이터 덕분에 그 높은 건물로 사람들을 끌어들일 수 있었지. 엘리베이터가 없으면 누가 고층 건물에서 지내려고 하겠어. 뉴욕은 20층 이상의 건물들이 하나둘 들어서면서 3~4층짜리 건물들이 즐비한 파리를 제칠 수 있었지.

지금과 가장 흡사한 구조의 엘리베이터를 최초로 만든 사람은 미국 발명가 엘리샤 오티스(1811~1861)야. 처음에 사람들은 엘리베이터를 잘 이용하지 않았다고 해. 속도가 지금과는 달리 너무 느렸기 때문이지. 하지만 속도를 단기간에 향상시키기는 어려웠어. 오티스는 해결책을 찾는 데 골몰하다가 사람들의 불만이 속도보다 지루함에 있다는 걸 깨달았어. 지금은 경치가 훤히 보이는 엘리베이터도 많지만 당시 고층 건물 안에 설치된 엘리베이터는 사방이 막혀 있었어. 엘리베이터를 탄 사람들은 바깥 상황을 알 수 없으니 답답하고 무료했던 거지. 그래서 시간이 더 느리게 간다고 느꼈던 것이고. 오티스는 이 문제를 '거울'로 해결했어. 엘리베이터 안에 거울을 달자 속도가 느리다는 불만이 잦아들었어. 거울을 보는 동안은 시간이 빨리 흘러가니까.

우리는 하루에도 수십 번 거울을 보곤 해. 거울은 엘리베이터 말고도 사방에 있으니까. 학교에도 의외로 많은 거울이 있지. 중앙 현관에 들어서면 보통은 커다란 전신 거울이 우리를 맞이하잖아. 현관에 거울이 없더라도 교실마다, 화장실마다 거울이 있지. 그것도 모자라 시시때때로 손거울을 보기도 하고 말이야.

사실 수업하는 교실에 거울은 그다지 어울리지 않아. 엘리베이터라는 특수한 공간에서 사람들의 필요에 의해 설치된 거울과는 다르지. 도서관이나 연구실처럼 공부와 관련된 공간에 거울, 특히나 벽 거울은 드물어. 집을 한번 떠올려봐. 공부방에 거울이 걸려 있니? 공부방 책상 위에 탁상 거울이나 손거울을 놓는 경우는 있겠지만, 큰 거울은 대체로 거실이나 옷방, 현관에 있을 거야. 그런데 왜 우리가 공부하는 교실 공간에는 거울을 걸어놓는 걸까?

분명 거울을 보면서 용모를 단정히 하라는 뜻이겠지? 그러고 보니 거울은 교실 뒤편에서 우리를 지켜보며 단정한 모습이 학생답다고 조용히 속삭이는 것 같기도 해.

한편으로는 또 다른 말을 건네는 것 같아. "너 자신을 알라"고. 웬 소크라테스냐고? 철학자 이야기를 하려는 건 아니고. 때로 거울이 주제 파악 좀 하라고 메시지를 보내는 것 같을 때가 있지 않아? 실제로 거울이 그렇게 말하는 건 아니지만, 거울을 보며 문득 그런 생각을 하기도 하지.

나의 얼굴을 본다는 것

얼굴은 묘한 신체 부위야. 얼굴은 몸의 일부이지만, 그 자체로 그 사람이기도 하니까. 다른 부위는 사람을 특정하기 어렵지만 얼굴은 사람을 특정할 수 있어. 학생증에 다른 부위가 아닌 얼굴 사진을 넣는 것에서 알 수 있듯이 얼굴은 가장 확실한

본인 확인 증명서야.

얼굴은 내 것이면서 나를 특정한다는 점에서 나와 가장 가까운 신체 부위이지만, 역설적으로 나와 가장 먼 신체 부위이기도 해. 무슨 말이냐고? 손이나 발 같은 건 직접 볼 수 있지만 얼굴은 직접 볼 수 없잖아. 거울, 사진, 영상 등으로 보지 않는 이상 내 눈으로 내 얼굴을 곧바로 보기란 불가능하거든. 그래서 얼굴은 가장 가깝고도 먼, 그리고 아주 낯익지만 낯선 신체 부위라고 할 수 있지.

그래서일까. 거울로 얼굴을 보는 행위도 참 묘해. 내가 내 얼굴을 보는 건데 내가 아닌 다른 매체를 통해서만 볼 수 있으니까. 그러니까 거울을 본다는 건 내 눈으로 다른 사람을 보듯, 내 눈으로 나를 보는 일이야. 나를 대상화한다는 점에서 거울 속 내 얼굴은 내 눈으로 보는 타자적 나인 셈이지. 여기에 함정이 숨어 있어! 거울을 보는 것 자체를 뭐라 할 순 없지만, 문제는 단지 거울을 보기만 하는 게 아니라는 데 있어.

거울은 비교의 도구야. 우리는 거울에 비친 나의 이미지를 갈무리하고, 그 이미지와 나의 눈으로 보아왔던 타인의 이미지를 비교하곤 하지. 눈, 코, 입 등 각각의 생김새뿐만 아니라 얼굴을 죄다 조각내 '비교의 저울'에 올려놓는 거야. "난 턱에 살이 너무 많아", "재보다 얼굴이 큰 것 같아", "피부가 왜 이 모양일까", "콧대가 좀 높았으면"……. 마치 포를 뜨듯 얼굴을 조각조각 분해해서 비교하면 할수록 타인의 우월함은 한층 도드라지고 나의 못남은 더욱 눈에 띄지.

《백설공주》에서 왕비는 "거울아 거울아, 이 세상에서 누가 제일 예쁘니?"라고 거울에게 물어. 사실 왕비도 빼어난 미모를 자랑해. 백설공주와 굳이 비교하지 않아도 될 만큼 충분히 아름다운 얼굴이지. 게다가 왕비는 부와 권력, 마법의 힘까지 갖고 있었어. 그 모든 걸 다 가지고 있지만 비교 때문에 인생을 망치고 만단다. 결론은 알고 있지? 공주를 죽이려던 음모가 밝혀지면서 불에 달군 쇠 구두를 신고 폴짝폴짝 뛰다가 끔찍하게 죽고 말아. 얼굴을 타인과 조각조각 비교하다가 결국 자기가 가진 모든 걸 산산이 조각내버린 거야.

반면 백설공주는 거울 대신 우물을 봐. 우물은 거울처럼 얼굴을 뚜렷하게 비추지 않아. 우물로는 외모를 제대로 보기 어렵지. 그렇다면 우물은 어떤 의미일까? "산모퉁이를 돌아 논가 외딴 우물을 홀로 찾아가선 가만히 들여다봅니다"라고 고백한 윤동주의 시 〈자화상〉에 나오는 우물과 비슷하지. 〈자화상〉에서 우물은 내면을 들여다보는 창이야. 백설공주 역시 우물을 통해 외모가 아닌 내면을 응시해. 우물을 보면서 마음속 깊이 간직한 소원을 빌거든.

《백설공주》 이야기는 외모보다 내면, 진실한 마음이 더 소중하다는 교훈을 주는 것 같아. 그런데 잠깐! 이 동화에 결정적인 '하자'가 있어. 정작 백설공주는 너무나도 예쁘다는 거야! 눈처럼 하얀 피부, 앵두처럼 붉은 입술, 흑단처럼 검은 머릿결을 갖고 태어나 이름도 '백설白雪'이라 지었다잖아. 예쁜 게 죄냐고? 당연히 죄가 아니지. 그럼 뭐가 문제냐고? 자, 생각해보자. 사냥꾼이 공주를 살려주고, 난쟁이들이 침입자와 같은 그녀를 받아주고, 왕자가 첫눈에 반한 게 모두 백설공주가 아름다웠기 때문이잖아. 플라톤은 《향연Symposion》에서 '에로스는 아름다움에 대한 사랑'이라고 말했어. 즉 사랑은 아름다움 안에서 태어나고, '에로스는 자기가 결여하고 있는 것(아름다움)을 욕망'한다고 할 수 있어.

외모보다 내면이라더니 결국 모든 게 외모 때문이네? 외모가 뛰어나면 살기 편하고 성공할 가능성이 더 높은 게 맞는 걸까? 꿈과 희망을 전해야 할 동화에서조차 외모가 힘을 발휘하는 걸 보면 말이야. 물론 내면도 작용하긴 하지. 예쁘면서 착한 백설공주는 주인공이고, 예쁘지만 못된 왕비는 악역이니까. 그런데 안타깝게도 못생기거나 평범한 무명씨들은 동화에 나왔는지조차 기억나지 않지. 프랑스 작가 스탕달(1783~1842)은 《연애론De l'Amour》에서 "사랑이 싹트기까지 아름다움은 간판으로서 필요하다. 아름다움은 사랑이라는 정열을 북돋아주며, 상대방이 아름답다는 칭찬을 남들에게서 듣고 있는 동안에 사랑하게 된다"라고 했어. 사실 스탕달이 말하는 아름다움은 궁극적으로 정신적인 아름다움이야. 하지만 정신적인 아름다움을 향하기에 앞서 외적 아름다움이 사랑의 태동에 중요한 요소이며, 추함은 사랑의 태동에 장애가 된다고 말했어. 아름다움은 사랑의 행복을 누릴 수 있는 약속인 셈이지. 그렇다면 아름답지 못한 것은? 불행의 약속이겠지.

그렇다면 결국 행복과 성공의 제1 조건은 외모인 걸까? 우리가 행복하지 못한 건 못생겼기 때문일까? 아니, 진짜 이유는 따로 있어. 일상을 지옥으로 만드는 방법은 아주 간단해. 누군가와 끝없이 비교하면 되지. 불행은 비교에서 싹트거든. 프랑스 철학자 장 폴 사르트르(1905~1980)는 《닫힌 방Huis clos》에서 '타인은 지옥'이라고 했어. 사르트르라는 사람, 은둔형 외톨이 아니냐고? 그렇지는 않아. 누구보다 사회 참여에 적극적인 '실천적 지식인'이었어. 그런데 왜 그런 말을 했을까? 타인의 시선이 진짜 나를 가리고, 진짜 나를 찾는 것을 방해하기 때문이야. 타인의 시선이나 평가가 우리를 불행에 빠뜨린다는 이야기지.

타인의 시선에만 얽매여 진짜 나를 잃어버리면, 내면을 지옥으로 만들 뿐이야. 다른 사람의 평가나 판단에만 신경 쓰다 보면 정작 자신을 홀대하고 괴롭히기 쉬워. 영국 여왕 엘리자베스 1세는 화장 중독자로 알려져 있어. 처음엔 천연두 흉터를 가리기 위해 납 성분이 든 하얀 분가루로 화장을 했다고 해. 그런데 납 중독으로 고름과 물집이 생기고 피부가 심하게 갈라지기 시작하자, 이를 가리려고 약 1센티미터에 가까울 정도로 분을 더 두껍게 칠했다고 해. 나중엔 궁전에 있는 거울을 모조리 없애버리기까지 했어. 여왕에게는 거울을 보는 게 지옥을 보는 것 같았겠지.

타인의 시선이 내 몸을 지배할 때

예부터 아름다움은 늘 권력과 가까웠어. 아름다움과 권력의 만남은 역사의 페이지를 숱하게 장식했지. 오랫동안 남자가 세상을 지배해왔어. 그런데 그 남자를 여자가 지배했어. 천하를 호령하는 권력자도 미인의 품에서 휘둘린 적이 적지 않았거든. 어찌 보면 진짜 권력자는 미인이었던 셈이야. 아름다움은 곧 권력이었던 거지.

과거에 아름다움이 정치권력을 누렸다면, 오늘날 아름다움은 사회적·경제적 권력이 되었어. 외모가 실질적인 영향력을 발휘하고 있거든. 외모가 하나의 자본인 시대야. 남보다 나은 외모를 가지고 있으면 호감을 얻기도 쉽고, 같은 성과를 내고도 더 높은 평가를 받기도 해. 그래서 육체 자본, 매력 자본, 외모 프리미엄 같은 말들이 생겨났어. 외모에 따라 임금이 달라진다는 연구도 여럿 있으니 말 다 했지. 우리가 외모 비교에 열을 올리는 것도 어쩌면 이런 배경들 때문일지 몰라.

외모를 비교하는 건 자기 외모를 객관화하는 데서부터 시작돼. 그때 내 얼굴은 하나의 '대상Object'으로 전락하지. 물론 사람에게 객관화는 중요해. 객관화하면 자신의 단점을 알 수 있고 잘못된 부분도 고칠 수 있으니까. 문제는 외모에 대한 객관화가 지나치다는 거야. 철저히 3인칭 시점에서 자기 외모를 관찰하고 판단하는 거지. 3인칭 시점으로 본다는 건 타인의 시선으로 본다는 뜻이고, 타인의 시선을 내면화한다는 의미야. 극단적으로 표현하자면, 타인의 시선이 내 몸을 지배하는 거지.

신경학자 존 매킨리(1891~1950)는 '객체화된 신체의식'이라는 개념을 제시했어. 객체화된 신체의식은 신체 감시, 특정 신체 기준의 내면화, 외모를 통제할 수 있다는 믿음으로 이루어져 있어. 자세히 말하자면 수시로 거울이라는 저울에 오르면서 자기 신체를 감시하고, 사회가 주입하는 일정한 신체 기준을 내면화해 거기에 미치지 못하면 끊임없이 수치심을 느끼며, 더 나아가 성형이든 다이어트든 마음대로 외모를 통제할 수 있다는 과도한 믿음을 갖는 거야. 사람들이 왜 그렇게 꾸미기와 가꾸기에 몰두하는지 이해가 되지.

이 모두가 남에게 인정받기 위한 몸부림이야. 내면화한 타인의 시선으로 자기 감시와 자기 관리에 집착하는 거지. 더 큰 문제는 객체화된 신체의식이 높을수록 자기 몸을 부정적으로 바라볼 가능성이 높아진다는 거야. 2017년 16개국이 참여한 〈아동 삶의 질 국제 비교 조사〉에 따르면, 외모에 대한 만족도에서 한국 어린이들이 꼴찌를 기록했어. 특이한 건 옷, 컴퓨터 등이 있는지 묻는 조사에서는 1위였는데, 가지고 있는 돈이나 물건 등과 관련해 '얼마나 행복한가'를 묻는 만족도에서는 꼴찌에 가까웠다는 거야. 객관적으로는 분명 잘사는데, 주관적으로는 못산다고 느끼는 거지. 끊임없이 남과 비교하느라 빚어진 결과야.

외모에 대한 만족도가 낮은 이유도 바로 비교 때문이지. 텔레비전 속 화려하고 늘씬한 연예인들과 비교하다 보니 자기만 한없이 못나고 뚱뚱해 보이는 거야. 2017년 질병관리본부가 실시한 〈청소년 건강행태 온라인 조사〉에 따르면, 정상 체중이거나 비교적 마른 청소년(체질량지수 85 백분위수 미만) 중 50.5퍼센트가 자신이 살이 찐 편이라고 생각했어. 그중 여학생은 61.4퍼센트로 남학생보다 높았지. 객관적으로는 하나도 뚱뚱하지 않은데 모두 스스로를 뚱뚱하다고 여기고 있는 거야.

안타까운 사실은 비교가 마음뿐만 아니라 우리 몸까지 망가뜨리고 있다는 거야. 불만족에서 멈추지 않고 신체 변형을 적극적으로 욕망하거든. 몇 년 전부터 초등학생에게 새해 소망을 묻는 설문조사에서 '다이어트'가 높은 순위에 오르기 시작했어. 어린이든 청소년이든, 남성이든 여성이든 마르고 늘씬한 연예인을 보고 선망하며 외모에 신경을 쓰는 거지. 다이어트를 위해 노력하는 사람들은 이제 우리 주변에서 흔히 볼 수 있어. 앞서 언급했던 2017년 질병관리본부 조사에 따르면 청소년의 32.9퍼센트가 한 달 동안 다이어트를 위해 노력한 적이 있고, 그중 19.4퍼센트는 단식이나 설사약을 먹는 등 부적절한 방법으로 다이어트를 했다고 해.

다이어트에 대한 강박은 먹으면 살찐다는 두려움을 만들어. 그리고 먹는 것에 대한 극도의 공포는 거식증으로 나타나기도 해. 몸매 관리에 스트레스 받고 지나친 체중 감량을 시도하다가 먹는 행위 자체에 예민하게 반응해서 죄의식까지 느끼는 거야. 많이 먹었다는 생각이 조금만 들어도 일부러 토하거나 설사를 유도하는 약을 무분별하게 복용한 결과야. 거식증의 사망률은 무려 5~10퍼센트에 이를 정도로 높다고 해. 사망률이 13~20퍼센트에 이른다는 노르웨이의 최근 연구 결과도 있어. 옛날에는 순결, 정절 등을 내세워 '성욕'으로 여성을 억압했다면, 오늘날에는 다이어트를 활용해 '식욕'으로 여성을 억압하는 건 아닐까?

외모 평가는 정치적이다?

누가 미인이고 미남인지에 대해서는 대부분 생각이 비슷하지. 최고의 미인과 미남에는 이견이 있더라도 예쁘고 잘생겼는지, 그렇지 않은지에 대해서는 이견이 거의 없어. 많은 사람들이 아름다움을 순수하고 보편적인 것처럼 생각해. 그러나 아름다움은 어디까지나 시대적이고 문화적인 산물일 뿐이야. 또한 아름다움은 순수한 미의식의 문제도 아니야. 아름다움은 모순과 욕망으로 들끓거든. 온갖 '성차별적인 모순과 계급을 둘러싼 속물적 욕망'이 아름다움을 휘감고 있어. 아름다움은 어떤 것보다 정치적이야. 이때 정치적이라는 건 정치권력을 뜻한다기보다 기존 질서를 강화한다는 의미야.

우선 아름다움은 성차별적이야. 차별의 대상은 물론 여성이고. 프랑스 사상가 시몬 베유(1909~1943)는 "아름다운 여인은 거울을 보고는 자신이 바로 그 모습일 뿐이라고 생각할 수 있지만 못생긴 여인은 그게 다일 수가 없다는 것을 안다"라고 말했어. 여기서 못생긴 여성을 기다리는 건 뭘까? 무시, 외면, 냉대, 경멸, 멸시, 모욕, 혐오……. 학교에서도 "네 얼굴 실화냐", "절구에 얼굴 빻았네", "다리가 코끼리 다리야" 같은 말들로 여학생들의 외모를 품평하는 남학생들이 흔하잖아. 성공한 운동선수 중에도 외모 품평을 당하는 경우들이 있어. 금메달 획득이나 대회 우승을 알리는 기사에 "살 좀 빼지"와 같은 댓글이 달리는 거야. 대체 운동과 외모가 무슨 상관이 있다고 그러는 걸까?

물론 남성들도 외모에서 자유로운 건 아냐. 한때 남북 관계가 나빴을 때 김정은 북한 국무위원장에 관한 기사에 "뒤룩뒤룩 살찐 돼지" 같은 외모 비하 댓글이 수두룩하게 달렸어. 하지만 문제는 여성의 외모가 남성의 외모보다 더 가혹하고 엄격하며 세밀한 잣대로 평가받는 경우가 많다는 거야.

헤일리 모리스카피에로(1976~)라는 사진작가가 있어. 그녀는 다소 뚱뚱한 편인데, 2010년 뉴욕에서 사진을 찍는 그녀를 보고 비웃는 남성과 마주치게 됐지. 그 후 그녀는 'The Watchers(감시자들)'라는 프로젝트를 진행했어. 6년간 거리, 해변, 쇼핑몰 등을 다니며 사람들이 뚱뚱한 여성을 어떤 표정과 눈길로 바라보는지를 사진으로 담는 프로젝트였지. 그녀는 그 결과물을 책으로 내기도 했어. 웃긴 게 뭔 줄 알아? 뚱뚱한 남성은 그렇게까지 경멸적인 시선을 받지는 않는다는 거야.

성공한 남성은 외모에 대한 압박을 덜 받는 편이야. 그러나 여성은 그렇지 않은 것 같아. 사회적 성공과 외모에 대한 압박이 별개인 경우가 많지. 앞서 지적한 대로 굉장히 성공한 축에 속하는 운동선수들의 성취가 있는 그대로 인정받지 못하고 외모로 재단되는 게 대표적이야. 사람들은 어떤 여성이 무엇을 이뤘는지를 보기도 전에 그 여성의 얼굴이 어떻게 생겼는지에 우선 시선을 두는 것 같아. 사람을 평가하기 위한 기준으로 외모를 꺼낸다는 것이 참 폭력적인 것 같지 않아?

아름다움은 계급적이기도 해. 어떤 미의식은 특권층을 선망하는 시선을 반영하고 그런 시선을 확대 재생산해왔거든. 예쁜 얼굴의 대명사인 '흰 얼굴'을 볼까? 백설공주는 얼굴이 눈처럼 하얘서 Snow White, 즉 백설이라는 이름을 갖게 됐다고 했어. 백설공주를 묘사하는 '눈처럼 희고, 앵두처럼 붉고, 흑단처럼 검은'이라는 표현은 아름다움을 대표하는 오래된 관용어야. 과거 수백 년 동안 이어져온 귀족적 미의 이상이 담긴 표현이지. 그래서 《백설공주》 이외의 다른 민담에도 똑같이 등장하곤 해.

일본의 가부키 화장법도 빼놓을 수 없지. 일본 전통극인 가

부키에 나오는 남자 배우들은 얼굴을 온통 하얗게 분칠해. 검은 눈썹도 덮어버릴 만큼 두껍게 말이야. 예부터 동서 문명에서 하얀 피부는 미의 조건이었어. 미국 사회학자 소스타인 베블런(1857~1929)은 《유한계급론The Theory of the Leisure Class》에서 그 이유를 흥미롭게 설명했어. 귀족 여성의 창백하리만큼 하얀 피부, 치렁치렁한 드레스 등은 자신의 몸이 육체적 노동과 거리가 멀다는 사실을 보여준다는 설명이었지. 하얀 피부가 곧 야외에서 힘든 일을 하지 않는 상류층 신분임을 드러내기 때문에 미의 조건이 됐다는 거야.

사실 《백설공주》의 왕비가 백설공주에게 패한 건 미모 때문이 아니라 나이 때문이라고 할 수 있어. 처음 한동안 거울은 왕비가 세상에서 제일 아름답다고 했지. 그러다가 시간이 흐르자 미모의 왕좌는 백설공주 차지가 됐어. 왕비는 나이가 들면서 미모가 시들어갔어. 시간은 젊음을 갉아먹고 그 자리에 주름을 새겨넣거든. "곱게 늙었다"라는 말이 있어. 별로 고생하지 않고 점잖게 나이든 얼굴을 보고 하는 말이야. 곱게 늙으려면 어떻게 해야 할까? 스트레스 받으며 일하지 않고, 특히 햇볕 아래서 험한 육체노동 같은 건 하지 않고 살아야겠지. '곱게 늙음'에도 계급의 구조가 반영돼 있어.

백설공주가 외모로 왕비를 이긴 건 시간 덕분이었지만, 시간은 누구에게나 공평해. 백설공주의 얼굴에도 언젠간 주름이 생길 테니까. 그렇다면 《백설공주》에서 진짜 승자는 시간일지 몰라. 영원한 것은 없고, 모든 건 시간의 이빨 아래 부서질 수밖에 없거든. 시간과의 싸움에서 겨우 살아남을 방법이 있긴 해. 보톡스, 리프팅 등 성형 시술의 도움을 받는 거야. 완벽하진 않지만, 조금이나마 시간을 되돌릴 수 있는 방법이지. 그런데 그것도 돈이 있어야 가능해. 아름다움은 과거든 현재든 언제나 계급적이야.

퀀텐 마시스(1465~1530), 〈늙은 여인(못생긴 공작부인)〉(1513), 런던내셔널갤러리 소장.

진짜 중요한 것은 거울에 보이지 않아

일상은 전쟁이야. 매일 사람들과 부대끼며 전투하듯 살아가지. 외모 비교도 마찬가지야. 사방이 거울로 뒤덮인 세상에서 나는 언제나 패자야. 왜냐고? 내가 비교하는 대상은 늘 나보다 잘난 사람이기 때문이야. 내가 가지지 못한 것을 가진 사람을 보면서 정작 내가 가진 것은 보지 못하는 거지. 그런데 나보다 잘난 사람도 자기보다 더 잘난 누군가와 비교를 해. 결국 모두가 패자인 셈이지. 이 싸움에서 패하지 않고 살아남으려면 어떻게 해야 할까?

아무리 못난 사람도 오래 보면 덜 못나 보여. 왜일까? 못난 얼굴에 익숙해져 둔감해진 걸까? 아냐. 시간이 흐르고 그 사람을 알아가면서 처음엔 미처 보지 못했던 장점이 도드라져 보이기 때문이지. 우리는 외모로 타인을 평가하지만, 외모는 결국 외모일 뿐이야. 아무리 잘생기고 예쁜 사람도 오래 같이 지내기 불편하면 좋아질 수 없어. 첫눈에 반해서 좋아졌더라도 호감은 금세 실망감으로 바뀌지.

우리가 가장 많이 보는 얼굴은 누구의 얼굴일까? 바로 '내 얼굴'이지. 하루에도 수십 번씩 거울을 들여다보니까. 즉 나에게 가장 가까운 얼굴은 그 누구보다 내 얼굴이야. 그렇다면 그 얼굴이 좋아져야 하지 않을까? 좋아지진 않더라도, 다른 장점으로 외모의 부족함이 채워져야 하지 않을까? 그러나 아무리 기다려도 이상하게 내 얼굴은 좋아지지 않아. 부족한 부분을 채워줄 장점이 없어서일까? 아냐. 장점을 모른다는 게 문제야.

장점이 없는 사람은 없어. 누구나 자기만의 장점이 있지. 다만 잘 모르고 살 뿐이야. 왜냐고? 누군가 그것이 내 장점이라고 알려주고 북돋워주지 않아서겠지. 부모님과 선생님의 잘못이 커. 점수나 등수로 대변되는 학업 능력과 성적만 강조하느라 다른 능력과 가치에 눈감게 만들었을 테니까.

또 하나는 '지나친 객관화' 때문이야. 거울을 들여다보며 자신의 못난 부분을 하나하나 객관화해서 살피다 보면 그 부분밖에 보이지 않아. 상처를 자꾸 건들면 덧나듯이 단점을 뚫어져라 쳐다보면 더 커져만 보이지. 그렇게 장점이 가려지는 거야. 거울은 자기 앞의 대상을 낱낱이 보여줘. 하지만 낱낱을 들여다볼수록 전체를 볼 수 없게 돼. 거울의 맹점이야.《어린 왕자》에서 여우는 "진짜 중요한 것은 눈에 보이지 않아"라고 충고했어. 맞아. 진짜 중요한 것은 거울에 보이지 않아.

외모의 단점만 보지 않고 진짜 중요한 것을 볼 수 있으려면, 자신의 외모를 타인의 눈으로 완벽하게 재단하려는 마음에서 벗어나야 해. 타인이 내 외모를 평가하는 틀을 스스로 들이대서 나에게 바늘 하나 꽂을 틈 없는 단단한 빗장을 지르면 안 돼. 내 외모를 바라보는 마음에 적당한 틈이 필요한 거야. 그래야 우리가 자신의 외모를 너그럽게 보아 넘길 수 있어.

그럼 어떻게 하면 마음의 여유를 찾을 수 있을까? 간단해. 자신을 사랑하면 돼. 근데 그게 말처럼 쉽지 않아. 누구나 자신을 사랑해야 한다는 걸 알지만, 진정으로 자신을 사랑하는 사람은 드물어. 하지만 말이야, 적어도 얼굴에 관해서는 쉬운 방법이 하나 있을 것 같아. 그건 거울을 되도록 멀리해보는 거야. 아예 보지 않을 순 없을 테니 횟수를 줄여보면 좋겠지. 거울을 덜 들여다볼수록, 곧 남과 나를 덜 비교할수록 나를 더 사랑할 수 있어.

너는 누구의 얼굴도 아닌 '오로지 너의 얼굴'로 살아야 해. 너는 소중하고 아름다운 존재야. 우리는 저마다 소중하고 아름다운 존재들이야. 모두가 한 떨기 꽃을 피울 씨앗을 제 안에 품고 있거든. 아직 스스로 모를 뿐이야. '나'는 별처럼 빛나는 존재지만, 도시의 불빛에 가려진 별빛처럼, 타인의 시선에 가려지면 그 빛을 내지 못한다는 것을.

그러나 우리가 '별들의 후예'라는 사실은 변하지 않아. 오래전 별들이 부서진 잔해 속에서 태양과 지구가 생겨났고, 우리도 그 속에서 태어났거든. 미국 천문학자 칼 세이건(1934~1996)이 《코스모스Cosmos》에서 묘사한 것처럼, 우리의 몸을 구성하는 원자 하나하나는 별의 내부에서 생겨났어. 그러니까 우리는 모두 별들의 후예야.

2

펜과 노트

너는 한 권의 책이야

"나오는 생각을 적어라.
짜내지 않은 생각들이 가장 가치 있다."

– 프랜시스 베이컨(철학자, 1561~1626)

나를 표현하는 원초적 방법

현생 인류의 진화를 '표현'의 관점에서 이해해볼까? 오스트랄로피테쿠스 같은 원시 인류를 보면 하관이 튀어나오고 이마가 좁았어. 그러다 하관 쪽은 들어가고 이마는 넓어지면서 지금의 현생 인류가 됐지. 이게 결정적이었어. 입이 들어가면서 얼굴 표정이 좀 더 풍부해졌거든. 인간의 몸 자체가 표현에 적합한 형태로 진화한 것 같아. 하나의 전광판처럼. 몸짓과 표정으로 발산하는 기호들을 보고 있으면, 인간의 몸이 마치 살아 있는 전광판 같다는 생각을 하게 되거든.

하나 더, 우리 얼굴의 눈도 '소통의 매개체'로 볼 수 있어. 침팬지나 오랑우탄, 개나 고양이 같은 동물들의 눈과 인간의 눈은 결정적으로 다른 부분이 하나 있어. 바로 흰자위야. 동물도 흰자위라 할 만한 부분이 있긴 해. 하지만 사람의 흰자위처럼 넓지 않고, 색도 흰색이 아닌 경우가 많아. 동물들이 흰자위가 뚜렷하지 않은 눈을 지닌 데는 이유가 있어. 바로 사냥에 더 유리하기 때문이야. 포식자의 눈 전체가 거의 같은 색이면 피식자 입장에서는 포식자가 정확히 어디를 응시하는지 알아차리기 힘들거든. 반면에 인간은 사냥에 나설 때 대부분 집단을 이뤘어. 그런데 흰자위가 있다 보니 멀리서도 집단 내 다른 사람의 시선과 눈동자를 읽는 게 가능했지. 먹잇감의 위치와 사냥 작전 등에 대한 정보를 눈으로 주고받을 수 있었던 거야.

우리 몸 전체가 표현 기관이지만, 그중 말과 소리를 표현하는 '입'과 글과 그림을 만들어내는 '손'이 으뜸이야. 몸으로 하는 표현이 거의 반사적인 반응에 가깝다면, 입과 손으로 하는 표현은 의식적인 표현에 가깝지. 언어의 역사에서 말이 글보다 앞서기 때문에 입이 윗길이라고 생각할 수 있어. 그러나 손으로 하는 표현도 아주 오래됐단다.

라스코 동굴 벽화를 본 적 있니? 다양한 동물들이 꼭 살아 움직일 것만 같은 모습으로 그려져 있어. 20세기를 대표하는 화가 파블로 피카소(1881~1973)는 라스코 동굴 벽화를 보고 "현대미술이 이룬 것은 아무것도 없다"라고 말하기도 했지. 당시 손으로 그린 그림이 얼마나 대단했는지 알 수 있는 대목이야.

프랑스 도르도뉴 지방에 있는 라스코 동굴 벽화. 빨강, 노랑 등으로 색칠한 말, 사슴, 들소 같은 동물이 100점 이상 그려져 있다. 이 동물들은 사냥의 성공과 풍요를 기원하는 주술적 의미를 담고 있다.

학교에서 펜과 노트는 대개 받아 적는 일에 쓰여. 공부에서 필기는 기본이야. 삶에서도 기록을 가벼이 보아 넘길 순 없지. 하지만 기록이 삶은 아냐. 삶은 표현이고 기록은 그 표현의 흔적이거든. 표현의 관점에서 보면 펜과 노트가 새롭게 다가올 거야. 펜과 노트는 자신을 표현하는 도구가 될 수 있거든. 글이나 그림은 모두 표현의 결과물들이야. 특히 학생들에게 '낙서'는 아주 익숙한 표현 방식일 테지. 공부를 하다가도, 화장실에서 볼일을 보다가도, 버스 뒷자리에 앉아서든 쉬는 시간이든 수학여행을 가서든, 공간이나 시간에 구애받지 않고 끼적일 수 있으니 말이야.

손이 하는 일 중 가장 으뜸인 것

우리는 손으로 많은 일들을 해. 세상은 '자연과 문명'으로 이루어져 있어. 자연을 뺀 문명은 전부 인간의 손이 빚은 결과물이야. 인간에게 손이 없었다면 인류 문명은 지금처럼 크게 발전하지 못했을 거야. 손이 세상을 만들어왔고 역사의 물줄기를 바꿔왔지. 인간이 하는 거의 모든 일이 손으로 이루어지거든. 노동도 그래. 그래서 아무 일도 하지 않는 사람을 백수白手라고 불러. 일하지 않는 사람은 연장이든 펜이든 아무것도 쥐고 있지 않은 맨손이니까.

손이 하는 다양한 일 가운데 으뜸은 '표현' 아닐까? 우리는 바닷가 모래밭에 가면 이름을 쓰고 하트를 그리며 즐거워하지. 깁스를 한 친구를 보면 자연스레 펜부터 찾고, 통화할 때 어딘가에 메모를 하지 않으면 잊을까봐 불안해하지. 인간에게 무엇을 표현하는 행위는 거의 본능에 가까운 듯해. 독일 철학자 에른스트 카시러(1874~1945)는 《인간론An Essay on Man》에서 인간은 자신의 삶을 표현하지 않고는 살아갈 수 없다고 봤지.

자기를 표현하는 다섯 가지 방법에는 말, 글, 몸짓, 이미지, 소리가 있어. 그중 손으로 하는 표현이 글과 몸짓, 이미지야. 머릿속 아이디어는 시각적 형태로 나타내볼 때 더욱 구체화돼.

회의실에 화이트보드가 구비돼 있고 탁자에 노트나 빈 종이가 놓여 있는 이유야. 어떤 정보를 시각화하는 과정에서 발표자는 생각을 좀 더 구체화시킬 수 있고, 보는 사람은 이해하기가 한결 쉬워지거든.

우리가 그리는 그림은 낙서의 형태일 때가 많아. 〈L.H.O.O.Q.〉라는 작품이 있어. 마르셀 뒤샹(1887~1968)이 길거리에서 레오나르도 다빈치의 〈모나리자〉 그림이 프린트된 엽서를 사서 연필로 콧수염과 턱수염을 그려 넣은 작품이야. 그가 명화에 한 이 낙서는 현대미술에 혁명을 일으켰지.

낙서를 하찮고 쓸데없는 것으로 생각하기 쉽지만 그리 가볍게 넘기기는 어려워. 단순하고 반복적인 일을 할 땐 낙서가 집중력이 떨어지는 것을 막아주거든. 그저 시간 때우기 식의 무의미한 행위인 줄 알았던 낙서의 순기능이지.

2009년 영국 심리학자 재키 앤드레이드(1964~)는 40명의 사람들을 대상으로 일종의 '낙서 실험'을 진행했어. 지루한 보이스 메일 메시지를 2분 30초 동안 들려주면서 절반은 낙서를 시키고, 나머지 절반은 그냥 듣게만 했지. 결과는 놀라웠어. 메시지에 나온 이름과 지명을 얼마나 기억하는지 테스트해보니까 낙서한 집단은 10점 만점에 7.5점, 그렇지 않은 집단은 5.8점이 나온 거야.

낙서는 개인의 정서를 표현하고 창의성을 자극하는 데 도움을 주지만, 소통의 매체로서는 사실 좀 부족해. 상호 소통의 도구로는 한계가 명확하거든. 가장 대표적인 소통 도구는 말과 글이야. 말이 순간적이고 국지적이라면, 글은 항구적이고 무제한적이야. 그러니 문명의 근간은 뭐니 뭐니 해도 글, 곧 문자일 거야. 역사는 선사 시대와 역사 시대로 구분되지? 이때 둘을 나누는 기준은 문자야. 선사 시대에는 말과 그림만 있었잖아. 문자로 기록을 남기면서 인류는 비로소 역사를 가졌다고 볼 수 있어.

물론 20세기부터는 다양한 미디어 매체가 등장하면서 말도 글처럼 영속적으로 저장할 수 있게 되었어. 600여 년 전 한글을 창제할 때 세종대왕의 목소리와 표정은 알 수 없지만, 지금은 역대 대통령들이 연설하던 목소리와 표정을 알 수 있지. 수백 년 뒤 후손들의 입장에서 생각해보면 그 차이가 더욱 분명해질 거야. 훗날 역사가들은 그림의 선사 시대, 텍스트의 역사 시대, 디지털 매체의 탈역사 시대로 시대 구분을 할지도 몰라.

말이 글처럼 보존되는 탈역사 시대에도 굳이 글쓰기가 필요할까? 물론! 당연히 필요하지. 앞으로도 상당 기간 글쓰기의 쓸모는 유효할 거야. 21세기에도 청소년은 보고서와 논술문과 자기소개서를, 대학생은 리포트와 논문을, 직장인은 이력서와 기획서와 사업계획서를 써야 할 테니까. 우리가 소셜미디어에

올리는 짧은 글이나 이메일도 모두 글쓰기의 한 부분이야. 굳이 펜으로 쓰는 게 아니더라도 이 모두가 글쓰기에 해당돼.

다양한 종류의 글들은 그 쓰임에 따라 구분할 수 있어. 소통과 관계(SNS · 엽서 · 카드 · 편지), 학습과 탐구(리포트 · 논문), 주장과 설득(논술문 · 사설), 정서와 상상(시 · 소설 · 희곡), 자아 성찰(일기 · 반성문), 정보 전달(설명문 · 보고서), 사실 기록(기사문 · 비망록) 등 정말 다양해. 모두 중요하지만 우리에게 무엇보다 중대한 글쓰기는 아무래도 '나를 쓰는 일'이 아닐까 싶어.

'나를 쓰는 일'은 아마도 미셸 드 몽테뉴(1533~1592)로부터 비롯됐을 거야. 르네상스기의 프랑스 철학자 몽테뉴는 자신을 관찰하고 관조하는 글쓰기의 원조라 할 수 있어. 몽테뉴는 자신의 저서《수상록》을 독자에게 소개하면서 '나 자신이 이 책의 주제'라고 했어.《수상록》을 통해 '자기표현 문학'이라는 새로운 장르를 개척했지. 곧 마음의 결을 따라 자유롭게 쓰는 수필 문학이야.《수상록》의 원제는 '에세Essais'야. 그리고 몽테뉴에 영향을 받은 영국 철학자 프랜시스 베이컨(1561~1626)이 영어식 표기로 바꿨지. 그게 바로 오늘날의 수필을 가리키는 말, '에세이'야.

'나를 쓰는 일'에 대해

왜 하필 나에 대해서 쓰냐고? 나를 가장 잘 아는 사람이 나인데, 나에 대해 굳이 쓸 이유가 있냐고? 과연 그럴까?

어떤 의미에서 나에게 가장 낯선 사람은 나일 수 있어. 내 감정을 가장 잘 아는 사람은 나라고 생각하지만 사실 잘 모를 때가 많지.

우리는 다른 사람의 감정을 어떻게 알까? 보통은 그 사람의 표정 변화를 통해서야. 반면 내 표정은 직접 볼 수가 없어. 그게 자기감정을 파악하고 다루는 데 서툰 이유 중 하나일 거야. 우리는 남의 감정을 읽으려고 애쓰면서 남의 표정을 살피느라 바빠. 그러다 정작 내 감정을 소홀히 해서 마음을 다치곤 하지.

우리는 가끔 불쑥 화가 치밀 때가 있어. 일차적으로 화를 불러일으킨 대상이나 사람이 있을 거야. 그런데 비슷한 상황이라고 해서 모두가 똑같이 화를 내는 건 아냐. 다른 이들은 무덤덤하게 넘기기도 하는 일에 유독 나만 화가 나는 이유가 뭘까? 진짜 원인이 다른 데 있기 때문이지. 특정 문제에서 유독 나만 민감하게 반응한다면, 아마도 과거에 경험한 유사한 사건들 탓일 거야. 우리가 지금 보이는 반응은 비슷한 상황에서 누적된 감정의 표출이기 쉽거든. 감정은 한순간에 만들어지는 게 아냐.

아주 오랫동안 차곡차곡 쌓이는 게 감정이거든.

부정적 감정은 나와 엉켜 있어서 분리하기 어려워. 그럴 때 내가 느끼는 분노, 슬픔, 괴로움 등을 글로 적으면 그 감정은 하나의 객관적 사실로 드러나지. 그러면 얼마간 자신을 돌아볼 마음의 여유가 생겨. 나와 엉켜 있는 감정에서 한발 떨어져서 그 감정을 응시할 수 있는 거야. 마음속에 꼭꼭 감추고 있을 때는 모호했던 감정을 언어로 표현함으로써 내 감정의 실체를 파악할 수 있어. 더 나아가 심리적 해방감도 느낄 수 있지. 답답하거나 괴로울 때, 소리를 지르거나 우는 것과 비슷해. 그래서 '문학 치료', '치유적 글쓰기' 같은 분야도 생겨났지. 엉클어지고 흐트러진 감정을 글로 표현하고 다스리는 거야.

펜은 가볍고 자유로워. 부담 없이 쓸 수 있어서 가볍고, 무엇이든 쓸 수 있어서 자유롭지. 말이 글보다 가볍고 자유롭지 않느냐고? 언뜻 보기엔 그래. 말과 글을 꼼꼼히 비교해볼까?

우리는 말(대화)을 통해서 부정적 감정을 해소할 수 있어. 그런데 그러려면 남에게 나의 내밀한 문제를 털어놓아야 해. 안 그래도 어떤 문제가 마음을 힘들게 하는데, 그 문제를 입 밖으로 꺼내야 한다는 심리적 부담감이 나를 더욱 짓누를 수 있지. 게다가 비밀 보장이 안 될지도 모른다는 위험도 있어. 만약 비밀이 지켜지지 않는다면 새로운 갈등이 생겨서 나를 더 괴롭게 할 거야.

그렇다 해도 글을 쓰는 건 말하는 것과 달리 어렵다고 생각할지 몰라. 글을 통한 치유와 성찰은 글을 잘 쓰든 못 쓰든 상관 없어. '남'에게 보여주려는 글이 아니니까. 그저 진솔하게 쓰면 돼. 진솔한 글쓰기만이 상황을 직시하고 감정을 어루만지게 해주거든. 이 글의 독자는 오직 나뿐이니까 자신의 경험, 생각, 감정 등에 집중해서 솔직하게 쓰려고 해야 해. 그러면 어느 순간 내 안에 쌓여 있던 감정들이 조금씩 풀려나오는 걸 경험할 수 있어.

'나'라는 나라는 복잡하고 비밀스러운 세계야. 얽히고설킨 관계, 남모를 상처와 아픔, 마음속 깊이 감춰진 감정……. 쓰다 보면 그런 것들이 실타래가 풀리듯 정리되는 느낌을 받을 수 있어.

글쓰기는 자아 성찰을 돕기도 해. 물론 말로도 억압된 감정을 표현할 수 있지. 그런데 말은 흘려보낼 수 있을 뿐 담아두긴 어려워. 한 번 뱉은 말은 연기처럼 사라지지. 자기 말을 녹음해서 듣는 경우는 거의 없으니까. 반면에 글은 다시 보면서 자기를 돌아볼 수 있어. 글을 쓰다 보면 그 글을 최소한 한 번 이상은 읽게 돼. 설사 다음에 또 읽진 않더라도, 쓰는 순간에는 앞으로 돌아가 내용을 보면서 하니까. 글쓰기와 말하기의 결정적 차이가 여기에 있어. 쓴다는 것은 글과 그 글을 쓰는 나를 돌아 본다는 의미를 담고 있지.

글쓰기는 미리 준비하는 시간이 필요해. 준비란 뭘까? 발표 같은 경우를 제외하곤 말을 할 땐 그냥 내뱉을 때가 많잖아. 생각 정리할 시간이 짧아 거의 즉각적이지. 그런데 글을 쓸 때는 달라. 단 몇 분이라도 생각을 좀 해야 해. 더 잘 쓰고 싶다면 자료 조사도 하고 책도 읽어야 하지. 사색과 독서가 뒤따르기 때문에 결국 글쓰기는 삶을 풍요롭게 만드는 작업이라 할 수 있어.

〈임금님 귀는 당나귀 귀〉 설화에서 알 수 있듯이 인간은 마음속에 꽁꽁 숨겨둔 말을 밖으로 꺼내고 싶어 해. 일기를 쓰는 이유도 그런 게 아닐까? 우리에게 고통을 주는 것은 상처만이 아냐. 상처를 표현할 수 없다는 것도 우리를 고통스럽게 하지. 나를 돌아보고 감정을 정화하는 글쓰기가 중요한 이유가 여기에 있어. 《채털리 부인의 사랑Lady Chatterley's Lover》으로 유명한 영국 소설가 데이비드 로런스(1885~1930)는 "사람들은 (글 속에) 자신의 아픔을 벗어놓는다. 반복적으로 그리고 계속해서. 마침내 그들이 아픔을 통제하게 될 때까지"라고 하기도 했어.

나를 쓴다는 건 나에 관해 쓰는 것이면서 동시에 나에게 마음을 쓰는 것이 아닐까? 상처받은 나에게 내 마음을 오롯이 쓰는 것. 내 앞에 놓인 노트나 수첩은 아직 써지지 않은 책이야.

언제든 내 이야기로 채워지길 기다리고 있어. 글쓰기는 여러 가지 의미가 있지만, 우리들 개인에게는 성찰과 치유의 관점에서 더없이 중요한 행위라고 할 수 있어.

산다는 것? 쓴다는 것!

"저는 ○○중학교 ○학년 ○반에 재학 중인 ○○○입니다."

전형적인 자기소개 방법이야. 우리는 자기소개를 할 때 나를 소개하기보다 나를 둘러싼 집단을 먼저 소개할 때가 많아. 자기소개서를 쓸 때도 소속 등을 언급할 때가 적잖지. 나 자신보다 내가 속한 집단을 앞세우는 건 집단의 가치를 통해 스스로를 드러내는 거라고 볼 수 있어. 또 나 자신을 잘 모르기 때문에 집단을 강조하는 측면도 있지. 나는 어떤 사람인지, 나는 어떤 사람이 되고 싶은지, 나는 무엇을 좋아하는지, 나는 무엇을 원하는지, 나는 무엇을 하고 싶은지 등에 대해서 잘 모르는 탓에 나보다 집단을 도드라지게 보여주는 거야.

나를 아는 가장 좋은 방법 가운데 하나가 바로 자기 자신에 대해 글로 써보는 거야. 자기소개를 하려는데 자기를 모른다고? 그러니 자기를 소개하는 글을 써보라고? 왠지 순환논법 같지? 흔히 자기소개서는 고3 때 입시를 앞두고 쓰게 돼. 그런데 그때 닥쳐서 쓸 게 아니라 미리 써보는 거야. 실제로 나중에 가고 싶은 대학의 자기소개서 양식을 다운받아 써봐도 좋아. 시간이 얼마나 걸리든, 내가 어떤 사람인지 고민하면서 하나하나 채워가봐.

어쩌면 소개할 '나'가 없어서 막막할지도 몰라. 물론 너희들의 잘못은 아냐. 본인이 무엇을 잘하는지 알려면 잘한다는 평가를 받아봐야겠지. 그런데 학교에서의 평가는 거의 대부분 공부에 대해서만 이루어지고 있잖아. 공부 말고 다른 건 그리 잘하고 못하고의 평가 대상이 되지 못하는 것 같아. 그러다 보니 다른 데 더 관심 있는 아이들은 자기가 잘하는 게 없다고 생각하곤 해.

"자신이 누구인지 알고 싶은가? 그렇다면 묻지 마라. 행동하라. 행동만이 당신이 누구인지 설명해주고 정의해줄 것이다."

미국 3대 대통령 토머스 제퍼슨(1743~1826)이 한 말이야. 그러니까 어른들의 평가나 인정에서 벗어나 내가 하고픈 걸 하고 내가 이룬 걸 칭찬해줘. 나를 소개하기 전에 내 삶을 잘 사는 게 중요한 거야.

삶이란 결국 뭘까? 자기를 표현하는 것 아닐까? 우리는 매일 뭘 입을지, 뭘 먹을지, 뭘 할지 생각하고 이야기해. 누군가와 메시지를 주고받기도 하고 SNS에 글과 사진을 올리기도 하지. 이 모든 게 바로 나를 표현하는 거라고 볼 수 있어. 우리는 한평생 자신을 표현하기 위해 애를 써. 내 삶을 산다는 건 내 꿈과 바람을 하나씩 실현해나가는 거라고 말할 수 있어. 흔히 '꿈을 펼친다'고 말하잖아? 자기 안에 주름져 있는 것들을 표현과 실현을 통해 하나씩 펴나가는 게 바로 우리 삶이야.

표현의 관점에서 공부를 정의하면 공부란 결국 남의 표현을, 남이 써놓은 글을 배우는 과정이라 할 수 있어. 누가 어떤 생각으로 무슨 말과 글을 남겼는지, 그 생각에 담긴 세상을 보는 관점은 무엇인지, 또 그 말과 글이 세상에 어떤 영향을 미쳤는지 등을 살피고 탐구하는 게 공부야. 그렇다면 공부는 언젠가 '내 삶'을 살기 위해서 하는 게 아닐까? 남의 말을 듣는 것도 결국 '내 말'을 하기 위해서고, 남의 글을 읽는 것도 언젠가 '내 글'을 쓰기 위해서일 테니까. 본질을 놓쳐선 안 되지.

여행을 가서 내내 사진만 찍는 사람들이 있어. 나중에 자기가 보기 위해서든, 남에게 보여주기 위해서든, 그들은 풍경의 기록자에 가깝지. 영화 〈월터의 상상은 현실이 된다〉(2013)에는 "아름다운 순간이 오면 카메라로 방해하고 싶지 않아. 그저 그 순간 속에 머물고 싶지"라는 대사가 나와. 중요한 것은 그때의 감정과 느낌이지 사진이 아니란 뜻이야. 무조건 사진을 찍지 말라는 건 아냐. 그 순간을 온전히 즐긴 뒤에 천천히 찍어도 늦지 않는다는 거지. 기록을 남기기 전 먼저 풍경을 충분히 즐기는 게 중요해. 여기서 본질은 기록 그 자체가 아니라 순간순간의 삶이야.

삶이란 실존을 통해 나를 써나가는 과정으로 이해할 수 있어. 여기서도 '쓰다'가 남다른 의미를 지니지. 자기 안에 있는 꿈과 바람, 이상 등을 구체화하고 실현하는 것이 삶이라면, 결국 산다는 건 자기만의 책을 쓰는 일이 아닐까? 죽는 순간까지 퇴고를 거듭하면서 말이야. 하루하루 쓰다 보면 마침내 인생이라는 책이 완성되듯이.

진심을 다하면 진심은 통한다

라스코 동굴 벽화는 지금으로부터 약 1만 5천 년 전 구석기인들이 그렸어. 그보다 더 오래된 쇼베 동굴 벽화는 무려 3만 2천 년 전에 그렸지. 라스코 벽화와 쇼베 벽화는 공통적으로 힘찬 필치, 생동감 넘치는 움직임, 웅장하고 장엄한 이미지 등이 보는 사람을 압도해. 그렇게 인류는 아주 먼 옛날부터 쉬지 않고 무언가를 말하고 그리고 노래하며 표현해왔어. 문자가 생긴 뒤에는 글쓰기가 더해졌지.

인간의 역사는 표현의 영역이 확장되는 역사로 이해할 수 있어. 책, 신문, 라디오, 텔레비전, 인터넷, 스마트폰 등의 발전은 모두 표현의 영역을 넓혀왔지. 표현의 관점에서 사람은 동물과 구분돼. 동물에게도 언어가 있지만, 어떤 동물도 문자언어는 갖고 있지 못해. 동물이 본능을 따른다면, 인류는 언어를 통해 본능을 넘어서지. 영국 생물학자 찰스 다윈(1809~1882)은 인간이 노력으로 이뤄내는 세 가지 활동으로 술 빚기brewing, 빵 굽기baking, 그리고 글쓰기writing를 제시했어. 세 활동의 공통점은 발효와 숙성이야.

인간은 글쓰기를 통해 내면을 표현할 수 있어. 물론 이는 말을 통해서도 가능하지만, 더욱 내밀한 성찰을 동반한 자기표현은 글에서 빛을 발하기 마련이야.

종이 울리기 전까지 종소리의 아름다움을 알 수 없듯이 사랑도 표현하지 않으면 알 수 없지. 그게 꼭 말일 필요는 없을 거야. 선물을 주고 누군가를 기다려주고 시간을 내주고, 이 모든 게 사랑을 표현하는 여러 방식이지. 표정이든 몸짓이든 정성이든 배려하는 자세든 사랑을 표현할 때, 사랑은 유지될 수 있어.

누군가 진심을 다해 표현하면 그 표현은 반향을 일으키기 마련이야. 공명共鳴, 함께 울린다는 뜻이지. '소리굽쇠'라고 들어봤니? 쇠로 만든 U자 모양의 막대기 말이야. 고무망치로 두드리면 맑은 음을 내지. 신기한 건 소리굽쇠의 울림이 공명을 일으킨다는 거야. 무슨 말이냐고?

모든 소리굽쇠는 저마다의 고유한 진동수가 있어. 여러 개의 소리굽쇠를 늘어놓고 하나의 소리굽쇠를 치면, 놀랍게도 고유 진동수가 같은 소리굽쇠도 함께 울려. 다른 소리굽쇠는 전혀 때리지도 않았는데 말이야. 진심을 담아 표현하면 그 마음이 다른 마음에 가닿아 공명을 일으킬 거야. 그 믿음으로 나를 좀 더 표현해보는 게 어떨까?

3

교복

타율을 벗고 자율을 입다

"우리가 옷을 입고 있는 게 아니라
옷이 우리를 입고 있다."

– 버지니아 울프(소설가, 1882~1941)

'옷을 입은 존재'

《털 없는 원숭이The naked ape》는 영국 동물학자 데즈먼드 모리스(1928~)가 지은 책의 제목이야. 털 없는 원숭이는 인간을 가리키지. 털이 없는 인간은 옷을 입어. 동물 가운데 오직 인간만 옷을 입지. 그동안 인간을 특징짓는 정의로 '말하는 인간(호모 로쿠엔스)', '도구 쓰는 인간(호모 파베르)' 등이 있었지만, 마지막까지 남을 정의는 아마도 '옷 입는 인간'일 거야.

의식주衣食住, 입고 먹고 쉬는 건 살기 위해 꼭 필요하지. 이 중에서 생존에 가장 필수적이고 직접적인 요소는 식, 바로 먹는 거야. 그런데 왜 식의주가 아니라 의식주라고 할까? 옷이 가장 앞에 온 이유가 뭘까? 사람에게 옷이 그만큼 중요하다는 뜻일 테지. 우리는 언어 습관상 나와 좀 더 가깝고 중요하게 여기는 대상을 앞에다 놓는 경향이 있거든. 우리가 '북남 정상회담'이 아니라 '남북 정상회담'이라고 말하는 이유야.

'옷'이라는 글자를 유심히 보고 있으면 꼭 팔을 벌리고 있는 '사람'처럼 보이지 않니? 우연치고는 참 절묘해. 동물도 먹이를 먹고 집을 짓지만, 옷만큼은 오직 인간만 입는 거야. 인간은 옷을 걸침으로써 문화적 존재로 거듭나게 돼. 생물학적 인간은 옷을 입으면서 사회적·문화적 의미의 사람이 되지. 그래서 프랑스 유대계 철학자 에마뉘엘 레비나스(1906~1995)는 《존재에서 존재자로De L'existence a l'existant》에서 인간을 '옷을 입은 존재'라고 규정했어.

중요한 문화적 양식인 만큼, 옷은 복잡하고 까다로운 형식을 요구하지. 누구든지 맘대로, 멋대로 옷을 입긴 어려워. 때, 장소, 상황에 맞게 입어야 탈이 없지. 수영하려는 사람이 코트를 걸치고 수영장에 들어간다거나 반대로 신랑 신부가 수영복 차림으로 예식장에 들어선다고 상상해봐. 운동할 때는 운동에 맞는 옷을, 중요한 행사에서는 그 행사에 어울리는 옷을 입어야겠지.

마찬가지로 학교에 어울리는 옷은 무엇일까? 학생은 학생다운 옷을 입어야 한다는 생각에서 만들어진 옷이 교복일 거야. 2018년 현재 전국 중·고교의 교복 착용률은 무려 94퍼센트라고 해. 한국 학생들은 100여 년 넘게 교복을 입어왔어. 한국의 교복은 1886년 이화학당이 붉은 치마저고리를 입게 하고, 1898년 배재학당이 도포를 입게 하면서 시작됐거든. 당시의 교복은 신학문을 배우는 계층의 자부심이었어. 그러나 오늘날의 교복은 자부심과는 거리가 먼 것 같아. 학생들에게는 통제와 불편함이 더 가깝게 느껴질 거야.

학교가 교복을 강요하는 이유는 교복이 학교와 학생에게 어울리는 옷이라고 여기기 때문일 거야. 그런데 교사는 제복을 입지 않지. 교사는 왜 학교에 맞는 옷을 입지 않을까? 교복이 통제와 억압의 도구가 아니라 태도와 일체감의 수단이라면 교장, 교감, 교사부터 교복을 입어야 하지 않을까? 어른들에게는 소속감이 필요 없는 걸까? 실제로 필리핀 같은 나라에서는 교사들도 제복을 입는다고 해. 민족사관고등학교에서도 교사들이 한복형 제복을 입지.

옷이 사람을 입는다?

어떤 남자도 정말 여자들을 안다고 말할 순 없는 거예요. 남자란 여자가 새로 화장을 할 때마다, 새 옷을 입을 때마다, 새 애인이 생길 때마다 그 여자의 영혼이 새로워진다는 것을 통 이해하지 못하거든요.

프랑스 작가 앙드레 말로(1901~1976)의 소설《인간의 조건 La condition humaine》에 나오는 문장이야. 정도의 차이는 있겠지만, 어찌 여자만 그러할까 싶어. 적어도 옷에 관해서는 남녀가 비슷하지 않을까? 영혼까지는 아니더라도, 옷은 그 옷을 입은 사람의 몸가짐과 마음가짐을 규정해. 운동복을 입으면 왠지 행동도 활기차게 되고, 정장을 차려입으면 왠지 행동에 좀 더 신중해지지. 옷이 가진 힘이야. 옷은 타인에게도 어떤 인상과 메시지를 던지지만, 그보다 먼저 옷을 입은 당사자에게 영향을 줘. 학교가 교복을 강요하는 이유도 그 때문이 아닐까?

'제복 효과'라는 게 있어. 제복에 따라 심리나 행동이 변하는 현상을 가리키지. 미국 심리학자 로버트 존슨과 레슬리 다우닝은 심리학 실험에 응한 사람들에게 간호사복과 백인우월주의단체가 입는 가운을 무작위로 나눠줬어. 제복과 가운을 나눠 입은 사람들은 다른 사람에게 문제를 내고 답을 맞히지 못하면 처벌하는 역할을 부여받았지. 처벌 방식은 여섯 단계의 전기 충격이었어. 실험 결과, 입은 옷에 따라 처벌 강도가 달라졌어. 간호사복을 입은 집단은 낮은 단계의 전기 충격을 줬지만, 백인우월주의단체의 가운을 입은 집단은 높은 강도의 전기 충격을 가했어. 복장이 사람의 심리와 행동에 어떤 영향을 끼치는지 알 수 있는 대목이야.

어떤 옷은 긍정적인 영향을 미치는 반면, 어떤 옷은 부정적인 영향을 끼쳐. 중요한 건 긍정적이든 부정적이든 옷이 그 옷을 입은 사람에게 일정한 영향력을 행사한다는 사실이야. 그래서 프랑스 철학자 알랭(에밀 샤르티에, 1868~1951)은 "내용이 형식을 결정하는 대신 형식이 내용에 영향을 주는 것을 잊지 마라. 해진 옷을 입으면 상쾌한 기분도 침울해진다. 다소 우울한 기분도 산뜻한 옷으로 갈아입으면 상쾌해진다"라고 말한 바 있어. 옷이 인간을 마름질하는 거야.

일반적인 제복은 책임을 드러내지. 경찰복이 대표적이야. 경찰복을 입지 않았다면 직무 수행 중인 상태가 아니니까 긴급하지 않은 작은 불법 행위 정도는 그냥 지나칠 수도 있을 거야. 하지만 경찰복을 입고 있다면 지나치기 어렵지. 스스로 느끼는 책임감도 있겠지만, 주변의 시선 때문일 수도 있어. 경찰복은 지금 이 옷을 입은 사람이 불법을 바로잡을 책임이 있는 경찰이라는 사실을 드러내니까. 기장, 승무원, 승조원, 의사, 간호사 등이 입는 제복도 모두 비슷해. 신분을 명확히 알 수 있지. 선원들의 제복 착용은 세월호 참사 이후 의무화됐어. 책임과 소명

의식 제고를 위해서였지. 분명하고 확고한 책임감을 갖게 한다는 점에서 제복의 긍정적 기능을 찾을 수 있어.

또한 제복은 권위를 드러내기도 해. 판사의 법복이 대표적이야. 법복은 법정의 권위와 법의 엄격함, 엄중함을 상징하거든. 법복은 대개 검은색인데, 이는 다른 색과 섞이지 않는 특성 때문에 외부 영향에 흔들리지 않는 법관의 독립성을 상징해. 우리 헌법 제103조는 "법관은 헌법과 법률에 의하여 그 양심에 따라 독립하여 심판한다"라고 힘주어 선언하지. 판사가 법복 대신 컬러풀한 티셔츠를 입고 법정에 앉아 있다면 지금과 많이 달라 보이지 않을까? 대부분의 나라에서 판사들이 법복을 입는 이유도 권위와 독립성을 드러내기 위해서야.

그런데 다른 제복들과 달리 권한은 일체 없고 오직 책임만 부여된 제복이 있어. 바로 교복이야. 교복을 입는 순간부터 온갖 역할과 책임이 따라붙지. 학생으로서의 역할과 책임에서 조금만 벗어나도 바로 제재가 가해지고 말이야. 교복을 입은 학생들은 통제하기 쉬워. 다른 학생들과 조금만 달라 보여도 바로 확인해서 제재할 수 있으니까. 또, 일탈에 대한 감시도 용이하지. 교복을 입고 있다면 어느 곳에 있어도 쉽게 눈에 띌 테니까. 교복으로 청소년을 학생의 자리에 주저앉히고 단단히 못 박는 거야.

옷은 '자유'여야 한다

우린 때때로 '사람'이 아닌 '옷'을 보고 그를 판단하거나 규정하기도 해. 《왕자와 거지》를 보면 진짜 왕자의 말은 아무도 믿지 않아. 신분을 바꿔 거지의 옷을 입고 있었기 때문이야. 입은 왕자다운 말을 쏟아내는데 옷은 거지다움을 드러냈지. 즉 입으로 하는 말과 옷이 하는 말이 달랐던 거야. 주변 사람들은 왕자의 말을 믿지 않고 그가 걸친 옷을 믿었지.

이렇게 옷으로 사람을 판단하는 사고방식은 어디에서 유래했을까? 아마도 신분에 따라 다른 옷을 입었던 오랜 전통에서 비롯했을지 모르겠어. 과거에 옷은 신분과 지위를 구분하는 도구였지. 가령 신라 시대에는 골품제도로 관리나 귀족이 입는 관복을 네 가지 색으로 구분했어. 성골과 진골 등은 자주색, 그 아래인 6두품은 담홍색, 5두품은 청색, 4두품은 황색으로 엄격히 구분됐지. 옷 색깔이 일종의 계급장 역할을 했던 셈이야.

교복 역시 학생의 지위라는 걸 구분 짓고 규정하는 기능을 해. 이 과정에서 교복은 학생들을 억압하지. 무엇을 입으라고 강제하는 것부터 자유와 거리가 머니까. 어떤 옷을 의무적으로 입어야 하는 것은 자유의 제한이야. 자기가 입고 싶어서 본인 의지로 골라 입은 게 아니니까.

교복은 정신뿐만 아니라 몸도 구속해. 구속복이라는 게 있어. 팔을 움직일 수 없도록 묶는 옷인데 드라마나 뉴스 같은 데서 봤을지도 모르겠다. 보통은 정신병원에서 난폭한 환자에게 입히는 옷이야. 교복은 구속복에 가까워. 너무 극단적인 비유라고? 억압하고 구속한다는 점에서는 비슷하지 않아? 몸의 움직임을 옥죄고 감시로 옭아매고 있으니까. 전족이나 코르셋에 대해 들어봤니? 아름다움을 빌미로 여성의 몸을 구속하는 것들이야. 하이힐을 넘어선 킬 힐kill heel의 치명致命적인 아름다움은 이중적이야. 매혹적이기도 하지만 건강을 해치지.

여학생들이 입는 교복 치마의 불편도 이만저만이 아냐. 의자나 바닥에 앉을 때, 계단을 오를 때, 버스를 탈 때 행여 속옷이 보일까 행동을 조심할 수밖에 없지. 치마 자체가 여학생들에게 '조신한 몸가짐'을 강요하는 거야. 겨울에는 어떨까? 찬바람에 종아리가 얼어붙지. 스타킹이나 레깅스를 입어도 치마는 그 자체로 보온을 해주지 못하니까. 반대로 여름에는? 속치마가 쩍쩍 달라붙지. 이런데도 꼭 치마 교복을 입어야 할까?

여성들은 오랫동안 치마를 입어왔어. 프랑스에서는 1800년에 제정한 여성들의 바지 착용을 금지하는 법률이 2013년까지 있었어. 물론 사문화된 지 오래라서 아무도 지키지 않았지만 21세기까지 남아 있다가 213년 만에 공식 폐지된 거야. 바지 착용 금지법은 당시 여성들이 특정 직업에 종사하는 것을 막기 위해서 만들어졌어. 복장 제한은 행동을 억압하고 기회를 박탈하며 자유를 제한하는 방법이었지.

샤넬은 명품의 대명사야. 이 브랜드를 만든 코코 샤넬은 혁명적인 디자이너였어. 그녀는 여성의 몸을 옥죄는 코르셋, 땅에 끌리는 긴 치마 등 의복 관습에 의문을 품었어. 그 의문을 토대로 제작한 게 바로 여성용 바지야. 코코 샤넬이 만든 최초의 여성용 바지는 1920~1930년대 레저 스포츠용 바지였어. 코코 샤넬이 살아 있다면 아마도 '여학생들에게 바지 교복을 허하라'고 말하지 않을까? 물론 여학생이 바지 교복을 입는 학교가 점점 늘고 있긴 하지만, 아직은 그 수가 현저히 부족하지.

학교는 교복뿐만 아니라 두발도 통제해왔어. 아우슈비츠의 희생자들이 수용소에서 처음 겪은 건 머리털을 잘리는 일이었어. 인격을 박탈하겠다는 상징적 조치였지. 머리카락은 한 사람의 존엄과도 밀접한 관련이 있거든. 강제로 머리를 깎는 건 직접적이고 효과적인 통제 방법이야. 지금도 여전히 감옥에 재소자들을 수감할 때 머리부터 자르곤 해. 권리를 제한하겠다는 조치야.

세계인권선언문 제1조에서는 "모든 인간은 태어날 때부터 자유롭고 존엄성과 권리에 있어서 평등하다"라고 선언하지. 사르트르도 《존재와 무L'être et le néant》에서 '우리는 자유를 중지할 자유가 없다'고 했어. 인간인 이상 본질적으로 자유를 추구하기 마련이고, 자유로운 주체가 되어야 한다는 뜻이야.

옷은 자유의 기본이 아닐까? 우리가 입는 옷에 대한 자유도 없으면서 우리 존재가 자유롭길 기대하기는 어려워. 자유로운 복장은 자유로운 정신을 담아내고 다양성에 대한 욕망을 실어 나르거든.

창의성을 걸친다는 것

미래에는 창의력이 중요하다고들 말해. 그런데 창의력을 키우려면 어떻게 해야 하는지 막연하지. 하지만 창의력을 가로막는 것이 무엇인지는 분명하게 말할 수 있어. 통일성과 획일성, 편견과 고정관념이야. 교복을 영어로 '스쿨 유니폼school uniform'이라 불러. 유니폼은 라틴어 '우누스unus(하나의)'와 '포르마forma(형태)'의 합성어야. '하나의 동일한 형식'이라는 뜻이지. 교복의 말뜻에서 이 옷이 창의성과는 거리가 멀다는 사실을 확인할 수 있어.

교복의 유래를 살펴보면 창의성보다는 획일성에 가깝다는

걸 재확인할 수 있어. 교복을 언제부터 입었을까? 다소 이견이 있지만, 일반적으로는 교복의 시작을 나폴레옹 시대로 봐. 유사시 학생들을 군인으로 소집하기 위해 군사훈련을 시켰는데, 그 과정에서 교복이 도입됐어. 혹시 일본 여학생들의 교복을 본 적 있니? 앞으로 두른 스카프와 커다란 깃이 달려 있는데 세일러복이라고 해. 원래 세일러복은 영국 해군의 군복이었어. '세일러sailor'라는 말 자체가 영어로 선원을 뜻하잖아. 교복의 딱딱함과 답답함에는 이런 기원이 있어.

앞에 언급한 실험에서 복장이 심리와 행동에 미치는 영향력을 확인했잖아? 유니폼이라는 것도 그 유니폼에 맞는 행동과 사고를 요구하고 실제로 영향을 미쳐. 획일적 질서와 통일된 행동, 이것부터 창의성과 동떨어지는 거야. 영국 사상가 토머스 칼라일(1795~1881)은 《의상 철학Sartor Resartus》에서 '인류가 맨 처음 품은 정신적 욕구는 장식'이라고 했어. 자신을 꾸미려는 데서 정신이 싹텄다는 말이야. 옷이든 뭐든 자기를 꾸미고 싶은 마음에서 자신만의 개성이 싹트지. 옷은 개성의 얼굴이야. 교복을 입으면 그만큼 각자의 개성과 그로부터 생겨나는 다양성이 줄어들기 마련이지.

교복은 단순히 옷의 통제를 넘어서 의식적이든 무의식적이든 어떤 선을 긋게 만들어. 지금 복장이 단정한지, 규정에 맞는지 등을 끊임없이 점검하고 확인하게 하지. 스스로를 감시하는 거야. 그런 감시의 시선을 내면화할수록 교칙이나 질서에 순응하고, 자신의 행동과 의견을 스스로 제약하게 돼. 이런 제약이 곧 생각의 제약, 상상력의 제약으로 이어지는 건 당연하지 않을까?

옷만 자유롭게 입는다고 창의성이 활짝 꽃피는 건 아닐 거야. 그 못지않게 다양성도 중요하니까. 무에서 유를 창조하는 창의성은 없어. 창의성을 거칠게 정의하자면, 서로 다른 개념과 사물을 잇대어 새로운 것을 생각해내는 거야. 회사를 예로 들어볼게. 구성원의 인종, 성별, 전공, 나이 등이 다양하고 개성적일 때 그 회사는 창의적일 수 있을 거야. 결국 창의력은 다양성이나 개성과 밀접히 관련되는 거지. 그런데 개성에서 큰 비중을 차지하는 건 제2의 피부로 불리기도 하는 패션이야.

구글은 복장에 대한 제한이 전혀 없는 회사야. '정장을 입지 않아도 진지하게 일할 수 있다You can be serious without a suit'가 구글의 모토 중 하나거든. "구글의 복장 규정이 무엇입니까?"라는 질문에 에릭 슈미트 전 CEO는 "뭐라도 입으면 되는 겁니다"라고 답했어. 구글처럼 창의성을 중시하는 기업들엔 대부분 까다로운 복장 규정이 없지.

창의성을 높이는 데 옷을 자유롭게 입는 것이 중요한 이유는 몸의 편안함이 두뇌 회전을 향상시키기 때문이야. 넥타이를 풀면 체감 온도가 2도가량 내려가 산소 호흡량이 늘어나고 두뇌 회전이 빨라지거든. 옷을 포함해서 신체를 둘러싼 물리적 환경도 창의성에 영향을 미쳐. 숨이 턱 막히는 공간, 딱딱한 분위기에서는 머리가 춤을 추듯이 회전하기 어려워. 신경건축학 연구에 따르면 천장 높이가 3~3.5미터 이상은 돼야 창의적인 생각이 많이 나온다고 해.

영국의 록그룹 핑크플로이드가 부른 노래 〈벽 속에 또 다른 벽돌Another Brick In The Wall〉을 들어보면 "우린 사고를 통제하는 그런 교육은 원하지 않아요We don't need no education, We don't need no thought control"라는 가사가 나와. 뮤직비디오에는 교복을 입고 기계로 걸어 들어가는 학생들이 나오지. 그런데 그 기계에서 다시 나오는 학생들의 얼굴이 똑같은 모습이야. 모두 눈, 코, 입이 없거든. 개성과 자기 생각을 잃어버린 사람들이지. 획일화를 강조하는 교육 제도는 다양한 무늬와 색깔의 학생들을 눈, 코, 입 없는 똑같은 모습으로 찍어낸다는 비판이 담겨 있어.

1979년에 나온 노래인데 40년이 흐른 지금 들어도 무척 울림이 커. 이 곡은 1987년까지 우리나라에서 금지곡이었어. 반전反戰 사상을 담고 있고 학교 교육을 비판한다는 이유에서였지. 이제 금지곡에선 풀렸지만 그동안 한국 사회는 얼마나 달라졌을까? 핑크플로이드의 뮤직비디오에서처럼 교복을 입은 학생은 얼굴 없는 존재와 같아.

창의성이 최고의 경쟁력이라는 4차 산업혁명 시대, 가장 먼저 교복부터 없애야 하지 않을까?

교복을 없애기 어렵다면

교복의 긍정적 기능은 전혀 없을까? 교복을 규정에 맞춰 잘 입을수록 질서를 따르는 유순한 학생의 모습이 되지. 심지어 교복이 범죄율을 낮춘다는 주장도 있어.

미국 캘리포니아 롱비치 지역에서 1994년부터 교복 착용을 의무화한 결과 범죄율이 90퍼센트 이상 줄었다고 해. 그리고 교복은 의류 구입에 드는 비용을 절약하고 옷을 통해 드러나는 계층 간 위화감도 방지할 수 있어. 이렇게만 보면 교복을 입는 것이 좋아 보이지?

문제는 긍정적 측면의 한계야. 학생으로서 유순히 질서를 따르는 것이 꼭 좋은 걸까? 교사나 학부모 입장에서는 좋을 수 있지만, 학생 본인에게 어떠한지는 또 다른 문제인 것 같아. 통제하는 어른이라면 편할 수 있지만 학생은 통제당한다는 느낌을 받을 테니까. 롱비치에서 범죄율이 떨어진 건 분명 사실이지만, 교복 착용을 의무화한 시기에 공교롭게도 경찰 순찰이 확대되고 처벌이 강화된 사실이 있었어. 교복과 범죄율의 상관관계는 명백히 증명된 바가 없는 셈이지.

한편 의류 구입비의 절감이나 위화감 방지는 일견 타당해 보여. 그러나 여기에도 분명한 한계가 있어. 비용 절약은 계층에 따라 달라질 수 있거든. 가령 사복을 사 입는 데 3년에 100만 원을 쓰는 가정에서는 40만 원짜리 교복이 더 낫겠지만, 사복 구입에 10만 원을 쓰지 못하는 가정이라면 교복 값 40만 원이 더 큰 부담이겠지. 또한 교복으로 위화감을 방지할 수는 있지만, 교복 외에 착용하는 롱패딩이나 가방, 신발, 학용품 등을 통해 격차가 드러나기도 해. 위화감을 방지하는 데 실효성이 크지 않다는 이야기야.

그래서 어떤 어른들은 교복을 입는 이유가 '공부'에 있다고 말해. 교복을 입어야 학생들이 공부에 전념할 수 있다는 말이야. 겉치장에 신경 쓰느라 학업에 소홀해지는 일이 없다는 거지. 어떤 옷을 입을지 고민할 필요가 없으니까 말이야. 그 말이 진심이라면 교복은 더 편해져야 하지 않을까? 여학생들 입장에서 활동이 불편한 치마 교복은 공부에 방해될 수 있잖아. 정장형 교복 역시 활동량도 많고 하루가 다르게 몸이 크는 남학생들에게는 불편할 거야.

모든 학교가 당장 교복을 없애기 어렵다면 최소한 대안이라도 고려해야 하지 않을까? DJ DOC의 〈DOC와 춤을〉이라는 노래가 나온 건 1997년이야. 가사에서는 반바지 교복을 강추해. 그런데 강산이 두 번이나 바뀌었지만 여전히 반바지 교복은 낯설고 드물지. 한여름, 찜통 같은 교실에서 꼭 긴 바지 교복을 입어야 할까? 좀 더 편하고 쾌적한 교복을 입고 생활하면 안 될까? 평상복처럼 편한 교복, 선택의 자유가 있는 교복, 남녀를 차별하지 않는 교복 등을 통일성 있게 입는 것도 대안이 될 수 있을 거야.

한가람고등학교는 2006년에 반바지를, 2012년에 후드티를 교복으로 정했어. 후드티는 회색과 청색, 집업과 티셔츠 형태, 기모 안감 여부까지 총 여덟 가지 조합에서 자기 맘대로 선택 가능해. 교복이 자유로워지니 옷차림을 지적하는 빈도가 줄었고, '치마를 줄였네 마네' 같은 소모적인 갈등도 사라졌다고 해. 게다가 가격도 기존 교복보다 저렴하지. 기존 교복의 상의가 4~5만 원이라면 일반 후드 교복은 1만 6천 원, 기모 후드 교복은 1만 8천 원이거든. 선택의 폭이 다양하진 않지만 교복을 고를 수 있다는 건 참 고무적이야.

성별을 구분하지 않는 '젠더리스genderless' 교복도 대안으로 가능해. 젠더리스 교복은 남녀 구분 없이 치마든 바지든 골라 입을 수 있고, 혹은 바지로 통일할 수도 있어. 영국에서는 2016년부터 120여 개 초등학교 및 중학교를 중심으로 성별을 구분하지 않는 '젠더 뉴트럴gender neutral' 교복을 채택하고 있어. 여학생이라고 해서 치마만 고수할 필요는 없지. 여성성을 강조할수록 옷은 불편하기 마련이거든. 젠더리스 교복은 성역할에 대한 고정관념을 완화하는 데도 기여할 수 있을 거야.

4

성적표

공부는 경쟁이 아니야

"학교화된 학생들은 수업을 공부라고, 학년 상승을 교육이라고, 졸업장을 능력의 증거라고 혼동하게 된다."

– 이반 일리치(철학자, 1926~2002)

꼬리표처럼 따라붙는 성적표

일생을 따라다니는 족쇄가 있어. 한평생 내내 붙어다니는 족쇄라니 생각만으로도 끔찍하지?

바로 시험이야. 중간고사, 기말고사, 모의고사, 각종 경시대회, 수능 시험까지 학창 시절 내내 이 시험이란 건 끝이 없지. 고등학교를 졸업하면 달라질까? 아니, 그래도 시험의 족쇄는 풀어지지 않아. 대학교에 들어간 뒤에도 중간고사와 기말고사는 있고, 여기에 토익 시험, 토플 시험, 각종 자격증 시험, 졸업 시험, 그리고 입사 시험이 더해지지.

하나의 시험에 합격했다고 해서 끝난 건 아냐. 어딘가에 소속되고 무언가가 되기 위해선 또 다른 시험을 거쳐야 하니까. 교사가 되려면 교원 임용 시험, 공무원이 되려면 공무원 시험,

변호사가 되려면 변호사 시험을 봐야 해. 입사 시험을 거쳐 어렵사리 취업에 성공해도 2년마다 토익 시험을 보고 승진 시험을 치러야 하는 경우도 많아. 직장인으로서의 생활을 마친 후에는? 퇴직 이후를 위해 공인중개사나 주택관리사와 같은 자격증 시험을 준비하는 사람도 적지 않아.

이렇게 보면 인생은 시험의 연속이고 시험이 인생을 결정짓는 것 같지만, 시험은 인생이 아냐. 시험에 합격한다고 인생이 술술 풀리기만 하는 것도 아니고, 시험에 떨어진다고 인생이 망하는 것도 아니니까. 물론 일단 시험에 통과해야 돈도 벌고 잘살 수 있다고 말하는 사람들이 많지.

이걸 생각해보자. 국어사전에서 '잘살다'를 찾아보면 '부유하게 살다'라고 나오지. 잘사는 건 경제적으로 풍족하게 사는 거야. 그런데 잘산다고 꼭 잘 살까? 다시 말해, 부유하게 산다고 꼭 행복하게, 의미 있게 산다고 할 수 있을까? 잘사는 게 반드시 잘 사는 건 아냐.

물론 잘 살려면 어느 정도는 잘살 필요가 있어. 하루하루 끼니를 걱정하면서 행복하게 산다는 건 현실적으로 쉽지 않을 테니까. 그러나 경제적 윤택함이 반드시 행복을 보장해주지는 않아. 잘살지만 잘 살지 못하는 사람이 있는가 하면, 비록 잘살지 못해도 잘 사는 사람도 있어. 시험을 잘 본다는 건 '잘사는' 데에는 도움이 될지 몰라도, '잘 사는' 데에는 필수요소가 되지 않아. 행복하고 의미 있게 사는 법을 테스트하는 시험은 세상에 없어. 그럼에도 불구하고 우리는 여전히 시험의 연속선상에서 살고 있지.

학교는 시험을 위해 존재하는 곳이라고 말해도 지나치지 않아. 학교에서 학생들은 상급 학교 진학을 위해 공부하고, 매 과정마다 시험을 치르니까. 하지만 현실적 필요성과 별개로 시험은 여러 가지 문제를 낳고 있어. 학생들을 경쟁으로 내몰고, 나아가 교육의 선순환을 심각하게 왜곡하기도 해. 공부가 곧 시험이라고 생각하기 쉽지만 시험을 넘어선 공부도 분명히 존재해. 시험을 넘어선 공부란 과연 어떤 것일까?

시험으로 길들이기

동서양을 막론하고 옛날에는 구술시험이 일반적이었어. 교사가 질문을 던지면 학생은 즉답했지. 그러다 필기시험이 도입되고, 객관식 시험도 도입됐어. 필기시험이나 객관식 시험이나 다 같은 것 아니냐고? 필기시험은 시험 답안을 글로 서술하는 방식이고, 객관식 시험은 주어진 선택지 가운데 정답을 고르는 방식이야. 이 시험들은 '누구를 위해' 만들어졌을까? 학생일까, 교사일까? 오늘날의 시험이 어떻게 탄생했는지 살펴보면 이것이 누구를 위해서 만들어졌는지 짐작할 수 있어.

우선 서양에서 필기시험은 18세기 후반, 영국의 대학교에서 처음 도입됐어. 당시 교수들은 수강 인원에 따라 급여를 받았는데, 학생 수를 늘리는 게 쉽지 않았지. 구술시험을 보는 탓에 학생들을 평가하는 데 많은 시간이 걸렸거든. 그러다 1792년 케임브리지대학교 화학과 교수 윌리엄 패리시(1759~1837)가 '필기시험'을 도입하면서 학생 수를 늘릴 수 있었어. 100점 만점제와 A, B, C, D, F 학점제가 바로 여기서 유래했지. 이후 필기시험은 주어진 너덧 개의 답들 중에서 정답을 고르는 객관식 시험으로 바뀌는데, 이건 1914년 미국 캔자스대학교의 프레더릭 켈리(1880~1959) 교수가 고안했어.

구술시험에서 필기시험으로, 필기시험에서 객관식 필기시험으로 바뀌었지. 결국 시험의 탄생과 진화는 사회의 요구라고 볼 수 있어. 패리시가 개발한 '양적 평가'와 켈리가 고안한 '객관식 평가'는 정해진 시간에 더 많은 학생들을 지도하고 평가하는 일을 가능하게 했지. 경제성과 효율성이 좋아진 거야. 한 명의 교사가 더 많은 학생을 가르치고, 이를 통해 사회에 더 많은 노동력을 제공하는 것, 근대 교육의 목표에 부합했다고 볼 수 있어.

시험은 또한 선택과 배제의 역할도 해. 프랑스 철학자 미셸 푸코(1926~1984)의 《감시와 처벌Surveiller et punir》에 의하면 시험은 '훈련시키고 재교육시키며, 분류하고 규격화시키고 배제해야 할 개인'을 솎아내는 기능을 하거든. 그 일환으로 대상자들을 줄 세우는 일률적 서열화가 이루어지지. 능력을 점수화하고, 서열화한 점수로 학생을 평가해야만 인재를 적재적소에 배분할 수 있다는 거야. 그러나 일률적 서열화는 교육의 본질적인 목표일 수 없어. 사회가 학교에 그런 역할을 요구하는 것과 학교가 그런 역할을 자진해서 맡는 것은 다른 문제지. 학교의 존재 이유가 서열화나 평가 그 자체는 아니니까.

그런데 학교는 서열화와 평가를 통해 학생을 실패에 익숙하도록 길들이지. 서열화의 최종 목적지인 입시 경쟁에서 승자는 극소수일 뿐이야. 그 경쟁의 논리에선 대부분은 패자로, 또 2등 시민으로 전락하게 돼. '1등'과 성적에 매몰된 경쟁 시스템 속에서 대다수 학생들은 실패를 거듭하며 열등감을 키우는 상황이 벌어지지. 좋은 내신 등급을 받지 못하는 학생들은 잘하는 학생들의 등급을 밑에서 받쳐주는, 즉 '깔아주는' 역할만 한다고 자조해. 모두가 앞만 보고 거대한 러닝머신 위를 끝없이 달리는 것 같아. 뒤로 내쳐지지 않으려면 죽어라 달리는 길밖에 없으니까.

학교는 시험을 통해 능력에 따른 보상과 서열화를 정당화하지. 성적이 나쁜 것도, 좋은 대학에 가지 못한 것도, 괜찮은 직장을 구하지 못한 것도 모두 시험에 실패해서라고 여기게 만들어. 자기 능력과 노력이 부족해서라고 말이지. 그러나 성적은 개인의 노력 못지않게 가정환경, 부모의 경제력 등 외부 요인의 영향을 크게 받아. 학교는 이 사실을 숨겨. 교육의 기회가 모두에게 똑같이 주어지고 누구나 동등하게 입시를 치를 수 있다고 포장하는 거야. 이때 교육기관인 학교는 지배 도구로 변질돼. 학교가 '무엇을 가르칠까'보다 '무엇을 믿게 만들까'를 중시할수록 지배 도구의 성격은 짙어지지.

방금 성적이 외부 요인의 영향을 크게 받는다고 했는데, 선뜻 이해가 되지 않는 친구들도 있을 거야. 개인이 이룬 사회·경제적 성취는 어디에서 올까? 그 원천이 무엇일까? 오로지 개인의 노력 덕분일까? 한 개인의 성취든 한 기업의 성공이든 개인의 노력만으로 이룰 순 없어. 세상에 그런 성취나 성공은 존재하지 않지. 노력이라는 요소를 완전히 무시할 순 없지만, 거기에는 개인들이 처한 환경과 조건, 다시 말해 선천적 능력, 우연적 요소, 사회·경제·문화적 환경, 정부의 정책 등 다양한 요인들이 복합적으로 작용하지.

철학자 존 롤스는 이를 '천부적 운natural fortune'과 '사회적 운social contingencies'으로 구분했어. 외모·신체·지능·재능 등의 선천적 능력은 자연적 운명에 속하지. 우리가 '능력과 노력'으로 뭉뚱그려 이야기하지만, 엄격히 따지면 능력은 노력과 다르지. 능력 역시 선천적으로 주어지니까. 음치로 태어난 사람이 아무리 노력한들 루치아노 파바로티(1935~2007) 같은 테너가 될 순 없어. 부모의 학력·경제력 등 우연적 요소, 당대의 사회·경제·문화적 환경과 정부 정책 등은 사회적 행운에 속해. 개인의 성취는 자연적 운명과 사회적 행운이라는 두 요소에 큰 영향을 받지. 성적의 경우에는 이해력·암기력 등 지능, 그리고 부모 환경이 노력 못지않게 중요해.

경쟁 교육이 만들어낸 인간형은 바로 '시험형 인간'이야. 시험을 통해서 자기 가치를 인정받으려는 유형의 인간이지. 시험형 인간은 오로지 점수와 등수를 중시해. 그런데 결과와 성취에 집중된 보상은 학생의 성장에 독이 될 수 있어. 새롭고 어려운 과제에는 도전하지 않고 그동안 잘해왔거나 잘할 수 있는 것만 하게 만들거든. 실패를 두려워하기 때문이야. 결과보다는 끈기, 그리고 실패를 극복하려는 노력에 대해 칭찬해줄 때 사람들은 더욱 과감하게 도전하고 우리 사회의 경쟁력이 올라갈 수 있을 거야.

출발선 앞에서 우정은 없다

인생의 일할을
나는 학교에서 배웠지
아마 그랬을 거야
매 맞고 침묵하는 법과
시기와 질투를 키우는 법
그리고 타인과 나를 끊임없이 비교하는 법과
경멸하는 자를
짐짓 존경하는 법
그중에서 내가 살아가는 데
가장 도움을 준 것은
그런 많은 법들 앞에 내 상상력을
최대한 굴복시키는 법

시인이자 영화감독인 유하의 〈학교에서 배운 것〉이라는 시야. 이 시에서 주목할 부분은 학교에서 '시기와 질투를 키우는 법', 그리고 '타인과 나를 끊임없이 비교하는 법'을 배웠다는 부분이야. 학교에서 시기와 질투, 타인과의 비교는 주로 성적을 둘러싸고 벌어질 때가 많거든.

중학교 성적표에는 공식적으로 등수가 표시되지 않아. 담임 선생님이 성적표 아래에 연필로 등수를 표시하거나, 등수가 표기된 별도의 종이를 성적표에 동봉하기도 해. 물론 이 모든 건 비공식적인 거야. 또 과목 평균과 표준 편차가 표기되기 때문에 마음만 먹는다면 충분히 전교 등수를 알아낼 수 있어. 어쨌든 공식적으로 중학교는 등수를 표기하지 않고 고등학교는 등수를 표기하지.

대학 입시에는 고등학교 성적이 반영돼. 자신의 점수가 다른 학생들의 점수와 비교해 어떤지에 따라 내신 등급이 결정되지. 상위 4퍼센트 이내는 1등급, 11퍼센트 이내는 2등급, 23퍼센트 이내는 3등급. 이런 식으로 9등급까지 매기는 거야. 좋은 등급을 받으려면 당연히 남보다 높은 점수를 받는 게 중요해. 옆 친구와 경쟁해야 하는 상황인 거야. 이때 나의 성장은 뒷전으로 밀려나고 오로지 남보다 잘하는 것만이 중요해지지. 내신 경쟁과 입시 경쟁 속에서 학업의 성취란 진정한 배움의 동기가 되지 못해.

또 다른 문제는 관계의 파탄이야. 교실에서는 비슷한 성적대의 친구를 경쟁 상대로 여기는 분위기가 널리 퍼져 있어. 더 높은 등급을 받기 위해 경쟁해야 하기 때문이지. 친구가 잘하면 내가 밀리고, 내가 잘하면 친구를 밀어낼 수 있거든. 서로 견

어깨동무를 하는 사이가 친구다. 그래서 어깨동무라는 말에는 '동무'가 들어 있다.

제하는 심리가 교실 분위기를 냉랭하게 만들지. 공부법이나 시험요령에 관련된 대화는 일절 하지 않을뿐더러 속칭 '족보'라 불리는 기출문제도 공유하지 않아. 이런 상황에서 참된 우정을 나눌 수 있을까? 우정을 나누면서 서로 협력하고 협업하는 능력, 마음을 나누며 소통하는 능력을 기르는 게 가능할까?

내가 얻은 만큼 네가 잃고 네가 얻은 만큼 내가 잃는, 제로섬 게임이야. 친구가 잘할수록 자기 기회가 줄어든다고 생각하기에 늘 불안해하지. 이런 불안감이 나보다 점수가 높은 친구를 시기하거나 질투하게 만들어. 시기심은 남과의 비교에서 싹트는 감정이야. 타인과의 비교는 당연히 '비교 가능한 대상'끼리의 비교가 될 테지. 가족애, 사회의식, 시민의식, 봉사정신 등을 두고 타인과 비교하진 않잖아. 상대적 우열을 가릴 수 있는 것들, 가령 성적, 외모, 재산, 권력 등을 두고 타인과 비교하지.

물론 시기심에 긍정적 측면이 전혀 없는 건 아냐. 비교 성향이 강할수록 경쟁을 유발해 소득 등 경제적 성과가 높아질 수 있어. 그러나 부정적 측면이 더 많아. 증오와 분란을 일으키며, 타인의 실패를 바라고 기대하게 만들기도 하거든. 대다수 학생들이 자신의 희생을 대가로 소수의 학생들이 성공하는 모습을 목격하곤 해. 이런 상황이 계속되면 급기야 다른 사람의 성공을 저주하고 성공한 사람을 적대시하는 태도를 가지게 되지. 그러다 결국 타인의 실패와 불행이 나의 성공과 행복이 되는 거야. 너무도 불행한 사회지. 친구도 없고, 오로지 나밖에 모르는 사람들로 가득한.

내가 이기면 네가 지고, 네가 이기면 내가 지는 교실 안의 세상. 그곳에서는 모두가 잠재적인 적이야. 상대평가의 극단적 경쟁 속에서 '남을 배려하고 남과 함께 사는 법'을 배우는 게 가당키나 할까? 경쟁이 팽배한 공간에서 '너'는 '나'의 적에 불과해. 당연히 그런 분위기에서 '더불어 살아가는 존재로 성장한다'는 건 불가능해. 각자 어디에서 살아가든 학교에서 배운 경쟁의 원리를 실천하기 때문이야.

경쟁이 경쟁력을 키울까

미국의 어느 학교에 인디언 아이들이 전학을 왔어. 시험을 치는 날 백인 아이들은 필기도구를 꺼낸 후 옆 친구가 답안지를 보지 못하도록 책상 가운데에 책가방으로 담을 쌓았지. 그런데 인디언 아이들은 책상을 돌려 둥그렇게 모여 앉았어. 교사가 "왜 시험 볼 준비를 하지 않느냐"라고 묻자 한 아이가 이렇게 말했다고 해.

"선생님, 저희는 예전부터 어려운 문제가 있을 때마다 서로 서로 도와가며 해결해야 한다고 배웠어요."

우리는 어떤 현상을 수평적으로도, 수직적으로도 이해할 수 있어. 수평적인 이해는 '같은 시간대'를 중심에 두고, 수직적인 이해는 '시간의 흐름'을 중심에 두지. 공부를 수평적으로 이해하면 같은 반, 같은 학교, 전국의 같은 학년들끼리 한 시각에 겨루는 경쟁으로 생각되기도 해. 그러나 시선을 달리하면 공부는 전혀 다른 풍경을 보여주지. 사회학자 엄기호는 '공부工夫는 공부共扶'라고 말했어. 즉 더불어共 돕는扶 게 공부라는 뜻이야.

경제협력개발기구OECD가 3년마다 실시하는 국제학업성취도평가PISA에서 핀란드는 2009년, 2012년, 2015년 세 차례나 연속 1위를 차지했어. 그중 〈2012년 국제학업성취도평가 결과

보고서〉에 따르면, 한국의 사교육(학원 교육) 참여 시간은 주당 3.6시간에 이르렀지만 핀란드는 주당 6분에 불과했어. 그런데도 핀란드는 1등을 놓치지 않았어. 1등의 비결은? 시험을 통한 경쟁 위주 교육이 아니라 협동과 창의를 기반으로 한 재미있는 교육 덕분이야.

그렇다면 '경쟁하며 공부하는 것'과 '협력하며 공부하는 것' 가운데 무엇이 학생의 경쟁력을 더 키워줄 수 있을까? 미국 교육심리학자 알피 콘(1957~)은 《경쟁에 반대한다No contest》에서 협력이 경쟁보다 더 생산적이라는 사실을 보여주는 수많은 연구를 소개했어. 알피 콘은 성과를 양적으로 측정하든, 질적으로 측정하든 언제나 협력이 경쟁보다 더 생산적이라고 힘주어 말해. 협력과 경쟁의 성과 관계를 연구한 122건 중 65건이 협력에, 8건만이 경쟁에 손을 들어줬지. 경쟁이 공부의 전부인 줄 알았는데, 실제로는 협력도 아주 중요한 거야. 이처럼 수평적으로 봐도 공부에서 협력은 매우 중요해.

그렇다면 수직적으로 접근하면 어떨까? 그때도 공부는 협력적일까? 누군가의 업적을 넘어서기 위해 공부한다면 그 공부는 경쟁이겠지. 그런데 공부를 더 넓은 관점에서 조망하면, 협력이 더 지배적이라는 사실을 발견할 수 있어. 누구나 지금까지 인류가 축적해온 거대한 지적 토대 위에서 자신의 공부를 시작하기 때문이지. 그런 의미에서 모든 지적 작업은 과거와의 협력적 결과물이야. 어떤 지적 성취도 과거의 유산에서 자유로울 수 없어.

뉴턴(1642~1727)은 이렇게 말했어.

"내가 남보다 더 멀리 볼 수 있었던 것은 거인들의 어깨 위에 서 있었기 때문이다."

겸손의 수사修史가 아니라 진실을 말한 거야. 그 거인들 중에서 빼놓을 수 없는 인물이 바로 데카르트(1596~1650), 케플러(1571~1630), 갈릴레이(1564~1642)였지. 뉴턴은 데카르트로부터 해석기하학을 배웠고, 케플러로부터 행성의 운동에 관한 세 가지 기본 법칙인 타원 궤도의 법칙, 면적 속도 일정의 법칙, 주기의 법칙을 배웠으며, 갈릴레이로부터 관성의 법칙을 배웠거든.

아인슈타인(1879~1955)도 뉴턴과 비슷한 말을 남겼어.

"내 삶이 나의 동료들, 즉 돌아가신 분들과 살아 있는 사람들의 노력 위에서 얼마나 많이 이루어졌는지를 늘 생각합니다."

뉴턴과 아인슈타인의 사례에서 보듯이, 연관된 학문의 뒷받침이 없다면 인류는 어떤 과학적 진보도 이룰 수 없었어. 만약 아인슈타인이 1만 년 전에 태어났다면 어떻게 됐을까? 우리가 아는 그 아인슈타인이 되지 못했을지도 몰라. 1만 년 전에 태어난 아인슈타인은 기껏해야 다른 인간들보다 좀 더 요령 있게

알베르트 아인슈타인. 현대물리학에 혁명적인 영향을 끼친 천재다. 그가 이룬 과학적 업적은 위대하지만, 그의 업적은 연관된 학문의 발전과 뒷받침이 없었다면 불가능했을지 모른다.

석기를 가는 원시인에 불과하지 않았을까. 천재의 머리로 태어나더라도 혼자서 모든 걸 다 할 순 없거든. 인류는 칼 세이건이 《코스모스》에서 표현한 대로 '기억의 대형 물류 창고'에서 필요한 것들을 꺼내 씀으로써 발전에 발전을 거듭할 수 있었어.

지구상에 처음 등장했을 때 인류는 첫 번째 계단에 서 있었지. 인류는 석기에서 시작해 농기구, 바퀴, 종이, 증기기관을 만들어냈어. 새로운 도구가 만들어지고 지식이 늘어날 때마다 문명의 계단을 하나씩 밟고 올라갔지. 이후 모든 세대는 최초의 인류가 디딘 첫 번째 계단이 아니라 바로 전 세대가 도달한 계단에서 모든 걸 시작해. 공부든 연구든 발명이든 뭐든지 그렇지. 지식, 과학, 기술, 문화, 제도, 부富 등에서 어떤 세대든 선대의 성취에 빚지고 있어.

평가를 평가하자

시험 성적이 좋다고 꼭 실력이 좋을까? 운전면허 시험에서 1등으로 합격한다고 운전을 가장 잘하는 건 아니잖아. 학교 시험은 다르지 않느냐고? 사회에서 실제로 필요한 능력은 문제 해결 능력이야. 이때의 문제는 문제집에나 나올 법한 정형적인 문제일 리가 없지. 어디에도 나와 있지 않은, 새롭고 살아 있는 문제일 거야. 그런 문제를 해결하는 능력이 가장 중요한데 이 능력을 제대로 측정하는 일이 쉽지 않아. 어쩔 수 없이 학교에서는 정형화된 시험으로 이를 대신해. 시험 성적과 문제 해결 능력이 비례할 수 없는 이유는 여기에 있어.

비유하자면 이런 거지. 실제 평가하려는 것은 축구 실력이야. 하지만 수십만 수험생의 축구 실력을 일일이 확인하기 어려울뿐더러 각자의 실력을 제대로 비교하는 것도 어려워. 어떻게 해야 할까?

가장 빠르고 간단한 방법은 필기시험으로 대체하는 거야. 경기 규칙, 축구 상식 등을 묻는 것만으로 부족하면 축구공에 사용된 실의 종류와 원산지, 유니폼의 역사 등 온갖 자질구레한 것들을 물으면 돼. 이런 것들이 축구 실력을 평가하는 기준이 될 수 있을까? 필기시험 성적과 실제 축구 실력은 당연히 비례할 수 없지. 천하의 '메시'가 와도 학업 부진아를 면치 못할 걸. '변별력'의 실체는 바로 이런 게 아닐까?

평가의 목적과 기능은 무엇일까? 학생들을 줄 세워놓고 가장 우수한 학생을 가려내기 위함일까? 아니면 학생들이 부족한 부분을 스스로 확인하고 잠재력을 키울 수 있도록 돕기 위함일까? 앞의 것은 부수적 기능이고 뒤의 것은 본질적 기능이겠지. 오늘날의 시험은 부수적 기능이 본질적 기능을 완전히 대체해버렸어. 교육에서 평가의 목적과 기능이 무엇인지 분명히 할 필요가 있지. 그래야만 시험이 어떤 모습을 갖춰야 하는지에 대한 답도 나올 테니까. 평가는 오로지 수단에 불과해. 배움을 위한 수단이지.

학생들은 시험 때문에 수업을 듣고, 시험에 나오는 것만 집중적으로 공부해. 오직 평가만을 위한 공부일 뿐이야. 시험이 새로운 공부의 시작이 되지 못하고, 모든 공부가 시험에서 허무하게 끝을 맺지. 배움의 재미, 더 배우고 싶은 의욕 등이 전혀 싹트지 못하는 거야. 반면 남을 이겨야 한다는 경쟁심은 한없이 커진 채 말이야. 교육이 승부를 겨루는 활동이 되면, 배움은 그 자체로 즐겁고 유익한 활동이 아니라 타인을 이기고 짓밟는 무기가 될 뿐이야. 시험을 통해 학생들을 실패자로 좌절시킬 게 아니라 긍정적 변화를 만들 수 있도록 도와야 해.

공부에는 시험을 위한 공부와 성장을 위한 공부가 있다고 했어. 지금의 공부는 오직 시험을 위한 공부야. 이전보다 자기 능력을 더 발전시키는 것이 아니라 남보다 더 잘하는 것만을 의미할 뿐이거든. 시험을 위한 공부는 진짜 공부가 아냐. 석차만 남고 배움이 없기 때문이지. 성장이 없는 공부야. 거듭 말하지만, 시험은 어디까지나 수단에 불과해. 그 자체가 목적이 될 수 없어. 시험은 끝이 아니라 시작이 되어야 해. 성장을 위한 시작 말이지.

근본으로 돌아가 평가를 평가해야 해. 평가가 변별의 도구가 될 순 있지만, 변별의 도구로만 머물러선 안 되지. 몇 등인지가 중요한 지금의 평가는 변별의 도구로만 머물러 있어. 성적표에서 과감히 등수를 지워야 해. 중학교는 몰라도 고등학교는 등수가 있어야 하지 않느냐고? 그래야 대입 시험이 가능하지 않느냐고? 그렇지 않아. 실제로 프랑스나 영국, 핀란드 등은 고등학교 내신 성적을 입시에 반영하지 않아. 성적표를 받기는 해도 그걸로 점수를 내지는 않지. 성적표는 다만 수업을 제대로 이수했는지에 대한 증명서로만 보는 거야. 그러니 당연히 성적표에 등수를 표시할 필요가 없지. 따라서 주위 친구들과 성적을 두고 경쟁할 일도 없어.

물론 성적표를 둘러싼 모든 문제가 시험 제도만 바꾼다고 해결되는 건 아닐 거야. 제도를 넘어 시험 점수로 인간을 줄 세우려는 세상과 싸워야 하지. 《시험국민의 탄생》을 쓴 이경숙 선생님은 '불평등한 세상은 인간 서열화의 결과라기보다 서열화가 자랄 수 있는 토양'이라고 했어. 불평등한 세상을 바꾸려는 싸움 없이 시험 제도만 바꾸는 것은 온몸에 오물을 뒤집어쓴 채 겉옷만 갈아입는 것과 같아.

5
책상과 의자

관계를 빚는 자리

"스승이 될 수 없는 친구는 진정한 친구가 아니고,
친구가 될 수 없는 스승은 진정한 스승이 아니다."

– 이탁오(사상가, 1527~1602)

자리가 사람을 만든다

아주 친해서 늘 함께 어울리는 사이를 우린 '단짝'이라 불러. 그렇다면 학교에서 나와 가장 오래 붙어 있는 '사물 단짝'은 뭘까? 바로 의자일 거야. 하루 중 가장 많은 시간을 의자에 앉아 보내니까. 의자에서 공부하고 의자에서 쉬곤 하잖아. 집에선 어때? 소파에 앉아 텔레비전을 보고, 식탁 의자에 앉아 밥을 먹어. 밖에 나가면? 영화를 보거나, 공연을 관람할 때도 의자가 필요해. 지하철이나 버스, 기차나 비행기 같은 이동수단을 탈 때도 의자에 앉아 가지. 의자는 인생의 동반자인 셈이야.

누군가 방문하면 우리는 의자를 권해. '자리'를 마련해주는 거야. 그것이 예의라고 생각하지. 자리(공간)는 사람에게 무척 중요해. '습관'을 뜻하는 영단어 habit은 이를 잘 보여주고 있어. 어원이 같은 habitat는 '주거지' 혹은 '서식지'를 뜻하거든. 결국 자신이 사는 곳에 맞게 일정하게 형성된 행동양식이 바로 습관인 셈이야. 한 인간이 사는 자리, 한 인간이 앉는 자리가 그 사람의 인격을 만든다고도 할 수 있지.

우리가 잘 의식하지 못할 뿐 자리는 일상의 거의 모든 것이라 말할 수 있어. 우리가 사는 집과 방은 '보금자리'라고 부르지. 먹고살기 위해서는 '일자리'가 있어야 하고, 잠을 자려면 '잠자리'가 필요하지. 죽을 때는 '묏자리'에 묻혀.

자리로서 의자는 그만큼 중요한 거야. 그런데 학교에서 의자는 어떤 취급을 받고 있을까? 옛날에는 의자를 머리 위로 드는 벌이 있었어. 앉기 위해 만든 의자를 거꾸로 들어야 했던 교실은 물구나무선 당시의 교육상을 상징적으로 보여주지. 그때의 학교는 군대처럼 규율을 앞세워 학생들을 통제했고, 교육이라는 이름 아래 체벌을 정당화했어. 지금은 의자를 드는 벌이 거의 사라졌지만, 한 가지 변하지 않은 풍경이 있어. 바로 책걸상의 배치야. 책상과 의자의 자리는 교실에서 과연 어떤 관계를 빚어낼까?

의자는 인생의 동반자다. 밥 먹고 커피를 마실 때, 일하고 휴식을 취할 때, 공부하고 컴퓨터 게임을 할 때 의자는 늘 함께한다.

배치와 소통의 이중주

어디에, 어떻게 앉느냐에 따라 관계가 달라지지. 가령 극장에 있는 연인을 떠올려봐. 어두운 공간 속에서 두 사람은 꼭 붙어 앉아 있어. 서로의 얼굴을 마주보지 못하지만 바싹 앉은 덕분에 가벼운 소통은 가능할 거야. 그런데 세 친구가 극장에 간다면? 한 자리만 건너뛰어도 대화가 어려워. 공간의 결(구조)이 관계의 꼴을 결정하는 거지.

교실을 떠올리면 '앞으로나란히'형(I자형)의 책상 배치부터 생각날 거야. 토론 수업을 할 때는 모둠별로 모여 마주앉기도 하지만, 일반적으로는 앞을 보는 일렬 상태로 앉지. 이는 학생과 칠판(교사)이 마주보는 형태야. 이런 배치에서 중심은 어디일까? 우리 몸, 즉 책상이 향하고 있는 쪽이 중심이겠지. 교실의 중심은 앞쪽이야. 극장의 중심이 스크린이고, 공연장의 중심이 무대인 것과 비슷하다고 할 수 있어.

주인공은 정해져 있어. 칠판 앞에 선 교사야. 교사가 교실의 중심이 되고 학생들의 눈과 귀는 교사의 입 쪽을 향하지. 이때 말하는 사람은 오직 교사야. 학생들끼리는 대화하기 어렵지. 일방적으로 말하는 입, 일방적으로 듣는 귀. 가장 흔한 교실 풍경이야. 학생은 귀로만 존재하고, 입은 오직 교사의 것이지.

물론 학생도 질문이라는 걸 할 수 있어서 잠시나마 잃어버린 입을 회복할 수 있어. 그런데 그 질문이란 게 교과 내용과 부합해야 해. 그렇지 않을 땐 수업을 방해한다는 죄목을 덮어쓰게 되는 거지. 질문이 민폐로 전락하는 거야. 교실에서 질문이 사라지는 이유가 여기에 있어. 수업 시간에 학생들은 입을 잃고 오직 귀로만 존재해야 해.

교사만 떠드는 상황에서 학생들의 배움은 멈추기 마련이야. 프랑스 철학자 질 들뢰즈(1925~1995)는 《차이와 반복Différence et Répétition》에서 '나처럼 해봐'라고 말하는 사람, 즉 일방적으로 가르치는 사람에게선 아무것도 배울 수 없다고 말했어. 오로지 '나와 함께 해보자'라고 말하는 사람, 즉 배우는 사람과 수평적 관계를 맺고 함께 배우고자 하는 사람만이 스승이 될 수 있다고 덧붙였지. 수영을 배울 때 수영 강사의 동작을 그대로 따라 한다고 곧잘 수영할 수 있는 게 아니잖아? 나를 둘러싼 물결의 일렁임을 섬세하게 느끼면서 몸을 기민하게 움직일 때 어느 순간 수영이 가능해지지.

'앞으로나란히'형 책상 배치는 일제一齊 학습에 적합해. 일제 학습이란 동일한 내용을 동일한 방법으로 '일시에 지도하는 학습법'이지. 이름에서 짐작할 수 있듯 일제 학습에서 수업의 방향은 일방적이야. 교사의 주도로 수업이 진행되고 학생들은 받아 적지. 이러한 자리 배치는 경쟁 구조에 가장 잘 어울리는 형태이기도 해. 일방적인 지식 주입, 지식에 대한 평가, 서열화된 점수와 등수 순서로 자연스럽게 흐름이 이어지지.

경쟁하듯 앞만 보고 있는 책걸상, 그리고 친구와의 간격을 떼어놓은 자리 배치. 그 속에서 학생들은 모래알처럼 떨어져 있어. 서로 소통할 수 없는 채로. 영국의 시인이자 평론가인 토머스 엘리엇(1888~1965)은 단테의 《신곡》 중 '지옥inferno' 편을 이렇게 묘사했지. '지옥은 어떤 연결도 없는 곳'이라고. 어떤 연결도 없는 교실이라면 함께 공부한다는 게 의미가 없지.

교육에서 지식 전달은 꼭 필요하겠지만 그것이 전부여선 곤란해. 호기심을 자극하고 스스로 알고 싶게 만들어야 해. 모르는 걸 알고자 하는 마음이 진짜 공부의 시작이거든. 학생들의 자발적 배움을 이끌어내려면 강의식 수업을 줄이고 토의·토론, 조사·발표, 제작·표현, 협력 수업 등 참여형 수업을 늘려야 해. 그러면 좀 더 수업에 적극적일 수 있고, 다른 친구의 이야기를 듣고 나의 생각을 이야기할 수 있겠지. 멍하니 앉아서 받아쓰기만 하는 게 아니라 능동적으로 참여하는 거야.

교실의 중심은 교사에서 학생으로 옮겨져야 해. 그러려면 수업의 내용과 교사의 태도도 중요하지만 책상과 의자의 배치도 무척 중요해. 산맥을 따라 바람의 방향이 바뀌듯이 책걸상의 배치에 따라 학습 분위기가 바뀌거든. 책걸상의 배열이 다양해질 필요가 있어. 예를 들면 'U자'형이 있어. 학생들끼리 마주보고 소통할 수 있을 뿐만 아니라 교사의 위치도 나쁘지 않지. 어떤 배치로 하든 가장 중요한 것은, 학생들을 수업의 주인공으로 참여시켜야 한다는 거야.

배움이 가르침보다 먼저다

책걸상이 만들어내는 미묘한 소통의 길이 있어. 앞서 말했듯이 공간의 구조가 관계의 꼴을 규정하기 때문에 책상 사이사이로 소통의 바람이 불 수 있도록 자리를 배치해야 해. 그러나 책상 배치만 바꾼다고 모든 게 해결되는 건 아냐. 배치를 바꿔서 결국 무엇을 꾀하려는지가 중요하지. 책상 배치를 통해 '가르침'에서 '배움'으로 초점을 옮기는 게 핵심이야.

우리는 가르침이 배움보다 먼저라고 생각하는 경향이 있어. 가르침이 있기에 배움이 따라온다고 말이야. 그러나 가르치지 않고도 배울 수 있지 않을까? 무슨 말이냐고? 아이들이 말을 배우는 과정을 한번 떠올려봐. 누가 일부러 가르치지 않아도 아이들은 저절로 말을 배워. 모국어를 배우는 과정과 일반적인 학습 과정은 다르지 않느냐고? 또 다른 예를 들어줄게.

프랑스 철학자 자크 랑시에르(1940~)는 《무지한 스승Le maître ignorant》에서 조제프 자코토(1770~1840)의 일화를 소개했어. 1800년대 초 네덜란드로 망명한 프랑스인 자코토는 네덜란드에서 프랑스어를 가르치는 일을 맡게 되었지. 그런데 문제는, 그가 네덜란드어를 전혀 할 줄 모른다는 거였어. 그는 어떤 선택을 했을까? 직접 언어를 가르치는 대신 프랑스 소설가 프랑수아 페늘롱(1651~1715)의 《텔레마코스의 모험》을 프랑스어-네덜란드어 대역판으로 읽게 했어. 학생들은 네덜란드어 번역문을 사용해 프랑스어를 읽으면서, 프랑스어를 능숙하게 할 수 있었다고 해. 너무 멀고 오래된 사례 아니냐고?

그럼, 이번에는 인도 교육학자 수가타 미트라(1952~)의 실험을 살펴볼게. 땅이 넓은 인도에서는 교사들이 보통 벽지로 가지 않으려 해. 이 때문에 외곽에는 교사 수가 턱없이 부족하지. 수가타 미트라는 낙후된 지역에 인터넷을 깔고 컴퓨터를 설치했어. 아무런 설명도, 교육도 없이 설치만 했지. 그런데 몇 달 뒤, 아이들은 컴퓨터로 웹 서핑을 하기도 하고 필요한 자료를 다운받기도 했어. 영어를 가르치는 교사가 없는데도 아이들은 100개 이상의 영단어를 쓰고 말했지. 자기가 깨우친 것을 타인과 공유할 수 있는 환경을 만들어주었더니 놀랍게도 아이들이 스스로 배웠던 거야.

가르침 없이도 배움은 가능해. 가르치는 사람이 없어도 의지만 있다면 배울 수 있다는 뜻이야.《무지한 스승》에서 자코토는 "인간은 지능의 시중을 받는 의지다"라고 말했어. 배우려는 의지와 알고 싶은 호기심만 있다면 누구나 스스로 배울 수 있어. 다만 독학은 독해야 가능해. 말하자면 독학자는 독한 자야. 여기서 '독하다'는 건 '하겠다는 의지'를 말해. 다른 일도 비슷하겠지만, 의지가 공부에서 제일 중요해. 독학이든 남에게 배우든, 학생에게 배우려는 의지가 없다면 결과는 비슷하기 마련이야. 뛰어난 교사가 칠판 앞에서 아무리 열심히 떠들어도 학생의 의지가 없다면 소용없어.

어쩌면 독학의 의미를 통해서 교사와 학생의 관계를 근본적으로 다시 생각해볼 수도 있지. 랑시에르의 논의에서 중요한 것은 스스로 공부할 수 있느냐의 문제보다 교사와 학생의 관계 자체일지도 몰라. 교사와 학생을 일방적으로 가르치고 수동적으로 배우는 존재로 규정하면, 학생은 물론이고 교사도 성장하기 어려워. 가르치면서 배우는 사람으로 교사가 자각하고, 배우면서 가르치는 존재로 학생 스스로 인식한다면 배움은 더욱 자발성을 띨 수 있을 거야.

만약 교육을 지식 습득에 한정한다면 독학이 전적으로 가능해. 그러나 교육이 지식의 전달 이상을 뜻한다면 독학만으로는 한계가 있겠지. 배움은 '스스로' 할 수 있다는 거지, '홀로' 한다는 게 아니거든. 책도 있어야 하고, 교사도 필요해. 또한 함께 배우는 사람도 필요해. 같이 학습하면서 더 큰 배움이 가능하거든. 교사와 학생이, 학생과 학생이 더불어 배우고 더불어 성장하는 일이 무엇보다 중요해.

사회에 나와서도 다른 사람들과 함께할 수밖에 없어. 대개는 조직에서 여럿이 힘을 합쳐 일하거나 혼자 일하더라도 누군가와 소통하며 프로젝트를 완성하는 경우가 많으니까. 그러니 협업이 독학보다 중요하지 않을까?

창의성이 피어나는 '사이'

앞서 '교복' 편에서 창의성에 대해서 언급했어. 그때는 다양성이 중요하다고 했지. '창의성은 다양성에서 싹튼다'라는 명제는 두 가지 사실을 내포하고 있어. 첫째는 다양한 사람들이 먼저 있어야 한다는 것, 둘째는 창의성이 그들 사이에서 싹튼다는 것이야. '그들 사이'란 바로 협력하는 사람과 사람 사이를 뜻해. 창의성은 누군가의 머릿속에만 존재하는 게 아냐. 사람들 사이에서 피어나는 거지. 즉 창의성은 생각을 나누고 주고받는 가운데 나오는 거야.

제2차 세계대전 당시 독일은 에니그마Enigma('수수께끼'라는 뜻)라는 암호 기계를 보유하고 있었어. 독일의 암호는 너무도 복잡해서 풀 수 있는 확률이 15×10^{19}분의 1에 불과했지. 감도 안 오지? 그냥 해독 불가의 암호였다고 생각하면 돼. 그런데 놀랍게도 영국군이 암호를 풀어내는 데 성공했어. 비결은 다양성에 있었지. 영국 정보부는 배경과 직업, 출신 등이 각기 다른 사람들로 팀을 꾸렸어. 이 팀에는 수학자와 공학자뿐만 아니라 작가, 언어학자, 윤리학자, 고서적상, 체스 선수 같은 아주 다양한 사람들이 포함돼 있었지. 각양각색의 사람들이 모인 덕분에 암호를 해독할 수 있었던 거야.

과거에는 창의성을 천재적 개인의 역량으로 이해했다면, 오늘날에는 협력해 더 나은 결과물을 만드는 것으로 이해해. 사실 과거에도 창의성을 한 개인의 전유물로만 보기엔 힘든 측면이 있어. 예를 들면 에디슨(1847~1931)에게는 옆에서 돕는 열네 명의 연구원이 있었어. 물론 에디슨은 뛰어난 지능과 재능을 갖고 있었지만, 그가 타의 추종을 불허하는 천재로 우뚝 서기까지는 협업도 큰 역할을 했다는 걸 알 수 있는 거지. 그러니까 창의성은 한 사람에게서 비롯되는 게 아니라 함께 일하는 사람들 사이에서 생겨나는 거야.

다음은《상상하라 다른 교육》에 소개된, 이영주 선생님이 제시하는 사례야. 선생님은 미술 시간에 나비 모양의 나무집게를 개성적으로 색칠하는 수업을 진행했어. 보통의 수업은 시간 내에 학생들이 자기 결과물을 빨리 완성하는 데만 집중하지. 그런데 이영주 선생님은 이를 매일 10분씩 2주에 걸쳐 진행했어. 그리고 학생들이 서로의 작업을 비교하며 의견을 나눌 수 있도록 유도했지. 결과는 놀라웠어. 두 시간 동안 혼자만 열심히 만든 작품들보다 서로 생각을 나누고 서로의 작품을 모방하기도 하면서 만든 작품들이 더 화려하고 창의적이었어. 관찰과 대화를 통해 생각을 정교화하고 아이디어를 확장한 결과야.

이게 무슨 개성이고, 창의성이냐고? 앞에서도 계속 말했지? 창의성이란 무에서 유를 만들어내는 게 아냐. 모방 역시 창조의 어머니지. 천재 화가 파블로 피카소(1881~1973)의 그림은 얼굴의 각 부분이 다양한 방향에서 그려져 있어서 입체파로 불리지. 한 사람의 얼굴이 눈은 앞에서 본 모양, 귀는 옆에서 본 모습으로 그려진 식이야. 피카소는 이런 영감을 어디서 얻었을까? 수학자 에스프리 주프레(1837~1904)에게 얻었어. 주프레는 4차원 공간을 2차원으로 바꾸는 공식을 만들었지. 여기서 영감을 얻은 피카소는 지금껏 아무도 제기하지 않은 의문을 품었어.

“하나의 대상을 여러 관점에서 동시에 그릴 수 없을까?”

입체파는 이 질문에서 탄생했지.

요즘 ‘집단지성’이라는 말 많이 쓰지? 집단지성은 단순히 여러 사람들의 지식을 모은 게 아냐. 각자가 가진 지식을 꺼내 놓고 다수결로 최고의 지식을 가리는 게 아니라, 한 사람이 가진 생각의 힘에 다른 사람이 가진 생각의 힘을 더해 더 나은 생각을 찾아내는 거지. ‘둘의 힘’, 혹은 협력의 힘이야. 고독한 천재 한 명이 수많은 사람을 이끌던 시대는 끝났어. 개인보다 집단이 문제를 해결하는 능력이 훨씬 뛰어나거든.

영국 극작가 조지 버나드 쇼(1856~1950)는 “당신에게 사과 하나가 있고 나에게 사과 하나가 있는데, 우리가 사과를 서로 교환하면 당신과 나는 여전히 사과가 하나밖에 없다. 하지만 당신에게 한 가지 생각이 있고 나에게 또 다른 생각이 있어서 두 생각을 서로 교류하면 우리는 두 가지 생각을 갖게 된다”라고 말했어. 창의력은 협력의 산물이고, 이미 있는 것들을 새롭게 잇는 작업이 창의성의 요체지. 이런 창의성은 누가 누구를 일방적으로 가르쳐서 길러지는 게 아니라 모두가 모두에게 배우는 과정 속에서 자라나는 거야. 누구나 모방하면서 창조하며, 아이디어를 나눔으로써 더 큰 아이디어를 만들어내. 작은 로봇들이 모여 더 강해지는 합체 로봇과 같지.

교육일까, 사육일까

그동안 교사의 역할은 학생들에게 정해진 지식을 전달하는 것으로 여겨졌어. 객관적인 진리가 존재하고 교사가 이를 제대로 교육하기만 하면 된다는 거지. 객관적 지식을 중시하는 객관주의적 관점이야. 대학 입시에서 큰 비중을 차지하는 수능이 지식 중심의 교육과정을 상당 부분 따르고 있기 때문에 교사의 역할도 제한적일 수밖에 없었어. 지식을 잘 정리해서 학생들의 머리에 쏙쏙 집어넣는 교사가 좋은 교사였거든.

물론 최근에는 구성주의의 영향으로 교사의 역할을 새롭게 규정하는 쪽으로 옮겨가고 있어. 지식 전달 중심에서 배움 중심으로 말이지. 구성주의가 뭐냐고? 쉽게 말하자면, 인간 자신의 경험으로부터 지식과 의미를 구성해낸다는 이론이야. 교육이란 지식의 전수만이 아니며, 좋은 교육이란 더더욱 지식의 축적 그 이상이어야 한다는 거지. 일방적인 가르침이 아니라 능동적인 배움이 바탕에 있을 때 곧 좋은 교육 아닐까? 그때의 배움은 학생들의 꿈을 북돋우고 잠재력을 키워주는 배움일 테지.

사람들은 교육을 가끔 사육과 착각하곤 해. 교육과 사육은 어떻게 다를까? '음식'과 '사료'를 가지고 얘기해볼게. 시인 오세영은 〈햄버거를 먹으며〉에서 그 차이를 이렇게 설명했어.

사람은
제 입맛에 맞춰 음식을 만들어 먹지만
가축은
싫든 좋든 이미 배합된 재료의 음식만을
먹어야 한다

자연에서 스스로 찾아 먹는 게 아니라 축사에서 일방적으로 받아먹는 음식이 사료야.

교육도 마찬가지 아닐까? 교육이란 자고로 교사와 학생이 모두 성장하는 과정이어야 해. 학생만 성장하고 교사는 성장하지 않는다면, 그건 교육이라기보다 사육에 가깝겠지. 가축을 키운다고 주인이 자라는 건 아니니까. 학생들은 '우리 속의 가축'이 아냐. 중국 고대의 유학 경전《예기》'학기' 편에 보면 '교학상장教學相長'의 뜻이 나와.

비록 맛있는 안주가 있어도 먹어보지 않으면 그 맛을 알지 못하고, 비록 지극한 도道가 있어도 배우지 않으면 그 좋음을 알지 못한다. 이런 까닭에 배운 다음에야 지혜가 부족함을 알고, 가르친 다음에야 그 어려움을 안다. 부족함을 안 연후에 스스로 반성하게 되고, 어려움을 안 연후에 스스로 열심히 노력하게 된다. 그래서 '가르치는 것과 배우는 것은 서로 성장'하게 한다.

교실에선 학생이 주인공이어야 해. 학생은 무대를 바라보기만 하는 관중이 아냐. 우선 교사가 학생을 가르침의 대상에서 배움의 주체로 여겨주어야겠지만, 학생 스스로도 자신을 그렇게 여길 필요가 있어. 책걸상은 원래 나무였어. 생명력을 잃어버렸어도 나무의 기억을 간직하고 있지. 한나절 책걸상에 붙어 있는 우리가 할 일은 나무가 되는 일이야. 죽어 있는 사물도, 공장에서 찍혀 나온 물건도 아닌 스스로 자라고 풍성해지는 나무 말이야. 스스로 배우는 사람은 스스로 자라는 나무와 같아. 누군가 나무에 물을 주고 거름을 줄 수 있지만, 결국 자라는 건 나무의 몫이야.

6

급훈

훈을 짓다, 훈을 찢다

"평등은 도달해야 할 목표가 아니라
전제하고 입증해야 하는 출발점이다."

– 자크 랑시에르(철학자, 1940~)

어찌 됐든 바르게만 살자고?

시인 이영광의 〈아픈 돌〉이라는 시가 있어. '바르게 살자'라는 글씨가 새겨진 바위를 주인공으로 한 시야. 혹시 주변에서 그런 바위를 본 적 있니? 바르게살기운동협의회라는 곳에서 세운 바위야. '착하게 살자'라는 조폭의 팔뚝 문신처럼 '바르게 살자'라고 새겨진 바위는 어딘가 조악하고 촌스럽지. 군부 독재 시절에는 불의한 정부가 관공서마다 '정의 사회 구현'을 걸게 했어.

어떻게 살아야 바르게 사는 걸까? 정답이 있을까? 설사 바른 삶에 대한 정답이 있더라도 그 정답을 떠든다고 바른 삶이 가능해질까? 불쑥 반감만 솟아나지 않을까? '바르게 살자'를 부르짖는 이들은 군부 독재 시대에 '바른 소리'를 한 번이라도

바르게살기운동협의회에서 세운 표석. 이 바위를 매일 보면 바르게 살 수 있는 걸까.

한 적 있을까? 아마 없을 거야. 그러니 "너나 잘하세요" 같은 반응이 나오기 십상이야. 바르게 살기는커녕 더 비뚜로 하고 싶어질 뿐이지. 잔소리하는 부모님께 더 못되게 구는 심리처럼.

알게 모르게 사회에 만연한 문구나 표어는 학교에서도 적지 않게 볼 수 있어. 교훈校訓이 대표적이야. 여기서의 교훈은 학교의 이념이나 목표를 간결하게 나타낸 표어를 가리켜. 행동이나 생활에 지침이 될 만한 가르침을 뜻하는 교훈教訓과는 다른 의미야. 예컨대 '성실, 순결, 봉사(춘천여고)', '맑은 마음, 착한 행실, 고운 몸매(영파여고)' 같은 학생들에게 특정한 가치관을 주입하기 위한 교훈 말이지. 김민섭 작가가 쓴 책《훈의 시대》의 분석에 따르면 공립여자고등학교와 공립남자고등학교의 교훈은 2018년 기준으로 여고에선 순결·정숙·배려·사랑

· 겸손, 남고에선 단결 · 용기 · 개척 · 책임 · 명예 · 열정 등이 가장 많았다고 해. 교훈을 통해 여자다움과 남자다움을 강조하고 있는 거야.

요즘에는 성역할에 대한 고정관념과 성차별 인식을 조장하는 교훈이 시대착오적이라는 비판이 거세지자 개정을 통해 교훈을 바꾸는 학교도 있어. 앞서 예로 들었던 교훈들은 '꿈을 향한 열정, 실천하는 지성(춘천여고)', '맑은 마음, 바른 행동, 밝은 지성(영파여고)'으로 최근 바뀌었다고 해.

교훈은 학교 구성원들에게 소속감을 부여해. 학생 스스로 '자랑스러운 ○○인'이 되도록 만드는 거야. 고작 단어 몇 개가 그런 역할을 어떻게 할까 싶지? 교훈은 여러 방식으로 반복되고 세뇌된단다. 교훈은 '바르게 살자'처럼 교정 한편 큰 바위에 새겨지고, 가정통신문을 통해서 퍼져나가지. 가장 영향력이 큰 것은 교가일 거야. 대부분의 교가에 교훈이 실려 있으니까. 애국 조회나 각종 행사, 운동회 때마다 교가를 반복해서 부르다 보면 교훈이 어느새 머릿속에 각인돼버려. 교훈은 머릿속에서 잊혀도 입으로 불렀던 교가는 입에 붙어서 오래도록 기억되지.

교실 앞 먼지가 뽀얗게 앉은 액자 속에는 급훈이 담겨 있어. 이 급훈들이 식민의 잔재라는 사실을 알고 있니? 그 뿌리가 일제강점기에서 비롯하거든. 급훈은 군부 독재 시절을 거치며, 권위주의와 국가주의에 물든 언어를 보여주기도 했어. 한때는 교실에 현 대통령의 초상이 걸리기도 했지. 지금은 어떨까? 여전히 낡고 진부한 정신을 담고 있어서 급훈의 언어들이 그때보단 나아졌다고 자신 있게 말하긴 어려울 것 같아.

급훈이 보고 있다

급훈 옆에는 대개 태극기 액자가 사이좋게 걸려 있어. 아마 그 둘이 교실에서 가장 잘 보이는 자리에 걸려 있을 거야. 장애물에 가리지 않고 교실 어느 위치에서나 잘 보이게끔 높은 곳에 걸어두지. 그 자리는 우리가 수업에 집중하는 칠판 바로 위야. 마치 위에서 우리 모두를 내려다보는 듯하지. 일반적인 사진 액자의 위치를 생각해봐. 보통 눈높이잖아. 그런데 예외가 있어. 역대 기관장들의 사진이 걸려 있는 공공기관의 대회의실 같은 곳을 봐봐. 하나같이 우리 눈높이보다 높은 곳에 걸려 있어. 마치 전체를 굽어보는 것처럼 말이야.

사르트르의 소설 《구토La Nausée》에서는 주인공이 초상화에 그려진 유력 인사와 마주쳐 몸이 얼어붙는 듯한 모멸감을 느끼는 장면이 있어. 그 장면에서 주인공은 초상화 속 인물이 던지는 냉혹한 시선 앞에서 진저리를 치지. 그 시선이 고압적이고 권위적이었던 탓이야.

급훈의 시선도 비슷하지 않을까? 높은 곳에 걸려 있기 때문에 그만큼 더 권위적으로 보여. 학생들을 감시한다는 느낌도 들고. 급훈은 초상화처럼 눈초리가 없지만 높은 곳에서 우리 머릿속을 뚫어져라 보듯 걸려 있는 거야.

급훈은 일방적인 메시지를 전달하기 바빠. 여기에는 교사와 학생의 위계가 깔려 있어. 주의 깊게 신경 쓰지 않으면 어른들은 학생들을 아래로 보기 마련이거든.

"믿음으로 자유를 줄 때 아이들은 그 믿음에 보답하니까."

서울시교육청에서 학생들의 교복을 더 편안하게 개선하기 위해 '편안한 교복 공론화'를 추진한다는 걸 홍보했던 광고 문구 중 일부인데, 의도치 않게 학생들을 수동적인 존재로 묘사하고 있어. 학생들을 스스로 자유를 쟁취하는 존재가 아니라 어른들이 줄 때에야 자유를 누릴 수 있는 존재로 규정한 거야.

교사는 학생들에게 주입하는 급훈을 스스로 실천하고 있을까? 급훈은 다소 막연하니까 좀 더 구체적인 교칙을 가지고 이야기해볼게. 가령 교내에서의 흡연은, 교사는 성인이라 괜찮고 학생은 미성년이라서 안 될까? 사실은 그렇지 않아. 현행법에 따르면 그 누구도 학교 안에서는 담배를 피워선 안 돼. 국민건

강증진법 제9조 제6항 '유아교육법'과 '초·중등교육법'에 따라 운동장, 옥상, 건물 뒤편 등 모두 금연 구역이야. 즉 현행법상 교내 어디에서도 담배를 피울 수 없어. 이건 교사도 예외가 아닌 거고.

그렇다면 교칙을 내세워 학생의 흡연을 징계하고 처벌하면서 정작 자신은 금연하지 않는 교사들은 뭘까? 교사의 교내 흡연은 엄연히 불법 행위이며 지극히 반교육적인 행위야. 교사의 흡연이 학생에게 미치는 부정적 영향을 차치하더라도 교칙보다 상위에 있는 법률을 위반한다는 점에서 반교육적이지. 그런데도 교사고 어른이라는 이유로 담배를 피우는 거야.

이렇게 되면 교칙이란 것이 큰 물고기(교사)는 다 빠져나가고 작은 물고기(학생)만 잡는 촘촘한 그물과 다르지 않지. 이런 금연 교칙이 교육적으로 어떤 의미가 있을까? 철학자 이반 일리치는 《학교 없는 사회Deschooling society》에서 "병원이 건강의 장애가 되고 정당이 민주정치의 장애물이 되고 언론기관이 의사소통의 장애물이 되는 것처럼, 학교는 진정한 교육의 장애가 되고 있다"라고 했어.

교사들이야말로 '남에게 훈勳을 강요하기 전에 나부터 그 훈대로 살자'라는 훈을 새겨야 하지 않을까? 교사는 자기가 가르치는 대로 삶을 살 수 있어야 해. 그래야 학생들이 교사의 삶에서 배울 수 있어. 교사는 말이 아니라 삶으로 학생들에게 존경받는 법이야. 스위스 교육자 요한 하인리히 페스탈로치(1746~1827)는 저서《페스탈로치가 어머니들에게 보내는 편지Letters on early education, addressed to J. P. Greaves》에서 "가슴의 지배권은 권위에 대한 굴복의 소산이 아니고 자유로운 애정의 선물로 주어집니다"라고 말했어.

물론 학생과 교사는 역할이 같지 않아. 그런데 역할이 다르다고 반드시 상하, 위계 같은 수직적 관계여야 하는 걸까? 그렇지 않아. 서로 있는 자리가 다르다고 해서 그게 반드시 윗자리와 아랫자리일 필요는 없어.

공부는 대화야. 사람과 사람의 공감이든, 마음속 독백이든, 내면의 소리를 통해서든, 나와 남이 혹은 내가 나와 대화하면서 이루어지지. 혼자 설명하고 질문하고 답하는 식이 될 수도 있고. 진정한 대화는 평등한 관계일 때 가능해. 서로가 평등하다고 생각할 때 서로의 말을 경청할 수 있어. 평등의 핵심은 존중에 있어. 교사와 학생은 단순히 윗사람과 아랫사람이 아니라 가르치는 시민과 배우는 시민으로 만날 수 있어야 해. 독선적인 강자는 대화나 토론을 하지 않아. 오직 지시하고 명령할 뿐이야.

'시소게임'은 없다

교권 추락! 무너진 교권! 흔히 들어본 말일 거야. 사람들은 마치 시소의 양 끝에 교사와 학생이 앉아서 시소게임을 벌인다고 생각하지. 교권과 학생 인권은 정말 대립 관계일까? 결론부터 말하자면, 둘은 그런 관계가 아냐.

체벌을 금지하는 학생인권조례가 제정되면서 일부 교사들은 교권 운운하며 반발하고 있어. 교사의 권위가 땅에 떨어졌다며 한탄하지. 문화적 전통과 특성 등을 고려해 어느 정도의 체벌을 허용해야 한다고 주장하기도 해.

도대체 어떤 민주주의 국가에서 타인에 대한 폭력을 권리라고 주장할까? 사람을 때려서 굴복시키는 건 누군가의 권리가 될 수 없어. 노예제 사회에서나 어울리는 일이겠지. 물리적 폭력을 문화적 전통이라고 보기도 어려워. 그건 계승해야 할 전통이 아니라 청산해야 할 악습이야. 교사의 권위는 매로 세워질 수도 없고, 세워져서도 안 돼. 교사가 학생을 존중하고 학생이 제대로 배운다는 느낌을 받는 게 우선이야.

학생의 권리를 보장한다고 교사의 권위가 실추되진 않아. 학생의 인권과 교사의 인권은 제로섬의 관계가 아냐. 학생의 권리를 보장할 때 오히려 교사의 권리도 보장될 수 있지. 왜냐

하면 상대방이 내 권리를 존중한다면 나도 상대방의 권리를 존중하게 되기 때문이야. 누구든 자신의 존엄성을 인정받을 때 타인의 존엄성도 존중할 수 있어. 내 권리를 인정해주고 존중해주는 상대에게 무례하게 대할 이유는 없으니까.

자신의 권리가 존중받을 때 타인의 권리도 존중한다는 사실을 뒷받침하는 증거가 있어. 교육부가 작성한 '2012~2013년 학생 1만 명당 월 평균 학교 폭력 현황 분석'에 따르면, 학생인권조례가 제정된 서울, 경기, 광주 등의 학교 폭력 건수 감소율은 48.1퍼센트로, 학생인권조례가 없는 다른 지역의 28.5퍼센트보다 19.6퍼센트나 더 줄어들었어. 학교 안에서 학생의 인권을 존중할수록 학생에 대한 교사의 폭력, 나아가 학생들끼리의 폭력도 감소했다는 거야. 학교가, 교사가 폭력적인 상황에서 학생들에게만 폭력을 쓰지 말라고 요구하는 건 설득력이 없어.

학생의 자기 권리에 대한 인식은 상대방, 즉 교사의 권리를 소중하게 여기는 출발점이 될 수 있지. 학생의 인권이 보장될 때 비로소 교사의 인권과 권위도 바로 설 수 있어. 이 둘은 결코 충돌하는 관계가 아냐.

간혹 수업을 방해하거나 심지어 교사를 놀리는 학생들이 있어. 극단적이지만 교사를 모욕하고 때리는 학생들도 있지. 그렇다고 교사까지 그 학생들에게 똑같이 폭력을 행사해야 할까? 만약 교사가 폭행당하는 불상사가 일어나면 법에 따라 처벌하면 돼. 그런 학생들이 일부 있다고 해서 학생과 교사 사이의 비대칭적 권력 관계가 역전되는 것도 아냐. 현실적으로 학교에서 권력은 학생에게 있지 않아. 그런 관계에서 학생 인권을 침해하는 체벌의 권리까지 주장하는 건 온당치 않겠지.

그렇다면 이제 교권은 필요 없는 걸까? 아니, 교권은 필요해. 다만 교권은 학생들과의 관계에서 나오는 게 아냐. 교실에서 수업하는 교사는 가르칠 '권리'를 지닌 사람이 아니라, 가르칠 '책무'를 진 사람이야. 따라서 수업을 방해하는 학생은 교사의 권리를 침해하는 게 아니라, 교사의 업무를 방해한다고 봐야겠지. 교사의 교권이 보장되어야 할 관계는 국가와 학교재단, 교장이나 교감 같은 학교 관리자, 그리고 학부모와의 관계 아닐까? 다시 말해, 교권이란 국가나 학교재단, 관리자, 학부모 등이 함부로 교사의 수업에 간섭하거나 개입하지 못하도록 하는 권리야. 즉 교사는 자기 양심과 소신에 따라 자율적으로 '가르칠 권리'를 지니지. 이게 교권의 본질이야.

실제로 수업 시간 중에 교장이나 교감이 불쑥 교실에 들어와 간섭하거나 교사에게 부당한 지시를 해서 갈등이 일어나는 경우가 있어. 2010년 전교조 참교육연구소가 교사 1,500명을 대상으로 "누가 교권을 침해한다고 생각하느냐"고 물어보니까

1위가 교육부, 2위가 교육청, 3위가 학교 관리자였어. 전교조가 진보적인 교원 단체라서 결과가 그렇게 나온 것 아니냐고? 그럼 보수적인 교원 단체에서 조사한 내용도 볼까?

교총이 발표한 〈2016년 교권 회복 및 교직 상담 결과 보고서〉에 따르면 교권 침해의 가장 많은 부분은 '학부모에 의한 피해'였어. 교권을 침해한 주체가 '학부모'인 경우가 267건으로 가장 많았고, '관리자'에 의한 부당한 신분 피해가 132건, '교직원들'로 인한 피해가 83건이었지. '학생'에 의한 피해는 58건으로 약 10퍼센트에 불과했어. 교권 침해는 교실 안 학생들과의 관계가 아니라 교실 밖에서 수업을 간섭하고 개입하려고 하는 이들에 의해서 더 많이 발생한다는 걸 보여주는 결과들이지.

훈이 넘실대는 사회

수많은 훈들이 가정, 군대, 회사, 국가에 이르기까지 넓게 퍼져 있어. 이를 각 집단에 따라 가훈, 부대훈, 사훈, 시훈 등으로 다양하게 불러. 대개의 훈은 수직적이야. 지키고 따르라는 뜻으로 만드니까. 부모가 자녀에게, 지휘관이 병사에게, 사장이 직원에게, 정부가 시민에게 특정한 생각과 가치관을 주입하지.

훈에는 그 훈을 만든 주체의 욕망이 서려 있기 마련이야. 대개는 지배 계급의 욕망이지. 사회를 특정한 꼴로 만들고 싶어 하는 욕망 말이야. 과거 정부가 내세운 표어들을 한번 볼래? '때려잡자 공산당, 신고하자 고정간첩', '덮어놓고 낳다 보면 거지꼴을 못 면한다', '10월 유신, 100억 불 수출, 1천 불 소득'. 반공과 산아제한, 경제발전을 추구했던 정부의 정책을 홍보하고 있어. 이런 표어들은 시민을 위한다기보다 정부가 시민을 계도하겠다는 의지를 나타내고 있지.

지금도 마찬가지야. 예를 들어 학교 강당이나 체육관에 붙는 이름들을 보면 학교나 동네 이름을 따서 '○○관'을 붙이는 경우도 있지만 더러 '충성관', '은혜관' 등 유교 사상을 담는 경우도 많아. 또, 실적이 중요한 회사의 훈에는 '고객 만족', '고객 최우선', '소비자 중심 경영', '손님은 왕' 등이 주로 등장해.

사회에서 강조되는 격언이나 금언金言 등에도 특정한 생각과 가치관이 배어 있어. "진정한 노력은 배신하지 않는다." 많이 들어봤지? 사실 노력 말고도 결과에 영향을 미치는 건 많아. 그런데 오직 노력만 하면 무엇이든 이룰 수 있다는 듯이 속삭이는 거야. 성공은 개인의 노력에 따른 것일 뿐 운은 별로 중요치 않다고 끊임없이 말하고 있지. 아마 우리 모두가 어떤 악조건 속에서도 열심히 노력하면 성공할 수 있다고, 그렇게 배웠을 거야. 많은 사람이 신봉하는 성공의 신화지.

혹시 '취업 9종 세트'라고 들어봤어? 취업하는 데 필요한 스펙이래. 학벌, 학점, 외국어, 자격증, 어학연수, 공모전, 인턴 경험, 봉사활동, 성형수술 등이 바로 그거야. 그런데 이 스펙들이 전적으로 개인의 노력만으로 쌓아질까? 얼핏 보면 그런 것 같지만, 실은 배경과 경제력에 좌우돼.

2013년 한국직업능력개발원이 14,349명의 대학 졸업생을 대상으로 조사한 〈부모의 소득 계층과 자녀의 취업 스펙〉에 따르면, 대기업 취업 확률은 어학연수 경험이 있을 때 49퍼센트나 높아졌어. 이때 부모의 소득이 월 200만 원인 경우 자녀의 어학연수 비율은 10퍼센트에 불과했지만, 소득이 월 700만 원 이상인 경우엔 32퍼센트에 달했지. 토익 점수 또한 대기업 취업에서 중요한 스펙이야. 토익 점수 10점당 대기업 취업 확률은 3퍼센트씩 올라갔지. 그런데 토익 평균 점수도 부모의 소득에 따라 크게 달라졌어. 부모의 소득 계층을 하, 중하, 중상, 상의 네 단계로 나눠서 조사하자 그 자녀들의 토익 평균 점수는 675.95점, 717.06점, 761.89점, 804.43점으로 크게 차이가 났어.

우리 삶의 많은 부분이 우연(운)에 의해 지배돼. 키, 외모, 지능, 재능, 건강과 같은 유전적 요인은 물론 앞에서 살펴본 부모의 자질이나 경제적 수준과 같은 환경적 요인도 모두 우연적이야. 영화 〈포레스트 검프〉(1994)에 "인생은 초콜릿 상자와 같아서 무엇을 집을지 아무도 모른다"라는 대사가 나와. 물론 우리는 운에 의해 지배되는 사회가 공정하다고 생각하지 않아. 공정한 사회라면 각자의 노력에 따라 정당하게 평가받아야 하는 거니까. 즉 세상은 우연(운)으로 좌우되니 노력하지 말자는 이야기가 아니야. 다만 노력만으로 이루어지지 않는 현실에서 오직 개인의 노력만 강조하는 격언은 한계가 있다는 걸 지적하는 거야.

사회가 정해놓은 선을 따라 걷도록 유도하는 각종 훈들이 우리를 지배하고 있어. 그 훈들은 개인을 사회에 동화시키고 개인의 꼴을 결정하지. 이런 지배의 언어는 쉽게 변하지 않아. 예를 들어 원주여고에서 '참된 일꾼, 착한 딸, 어진 어머니'라는 교훈을 바꾸려고 한 적이 있었어. 학생과 학부모, 교직원 등의 동의를 얻어서 바꾸려고 했는데, 총동문회의 반대로 좌절되고 말았어. 교훈은 학교의 긍지이자 전통이라는 게 총동문회의 반대 이유였지.

너의 훈에서 나의 훈으로

《넛지Nudge》로 유명한 미국의 행동경제학자 리처드 탈러

(1945~)는 훈계가 자칫 반발만 살 수 있다고 말한 적 있어. 미국 텍사스 주 정부는 고속도로에 버려지는 쓰레기의 양을 줄이는 캠페인을 벌였어. 공공질서를 지키자며 성숙한 시민의식을 강조했지. 그런데 캠페인은 실패로 끝나버렸어. 그래서 다음엔 인기 있는 미식축구 선수들이 쓰레기를 주우며 짐승처럼 으르렁대는 광고로 캠페인 방식을 바꿨어. 어떻게 됐을까? 쓰레기양이 72퍼센트나 감소했어. 왜 이런 현상이 생기는 걸까? 곰곰이 생각해보면 이유는 간단해. 대체로 사람들은 '직접적인 훈계의 대상'이 되는 걸 꺼리기 때문이야.

최근에는 아예 급훈을 떼어버리는 학교들도 생겨나고 있어. 급훈을 떼는 것이 다소 급진적이라면 이참에 급훈을 바꿔보면 어떨까? 딱딱한 급훈을 고집하기보다 학생들에게 좀 더 익숙한 만화나 애니메이션 등에서 가져온 문구를 활용해도 좋겠지. 가령 〈짱구는 못 말려〉라는 만화에서 짱구 아빠는 "꿈은 도망가지 않아. 도망가는 건 언제나 자신이야", "자기 혼자 컸다고 생각하는 사람은 크게 될 자격이 없어" 같은 대사를 해. 만화에 나오는 문장이지만, 어때? 급훈으로 써도 훌륭하지 않을까?

더 중요한 것은 급훈의 내용보다 형식일지 몰라. 어떤 방식으로 급훈을 정해서 걸어놓느냐의 문제 말이지. 앞에서 훈이 수직적이라고 지적했어. 한마디로 훈은 위에서 아래로 향하지.

교실에 걸린 급훈도 마찬가지야. 반대로 아래서 위로 향하면 안 되는 걸까? 학생들이 교사나 학교에 대한 요구사항을 급훈으로 만들어 걸어놓으면 안 되느냐는 거야. "수업이 재밌으면 좋 일도 없다", "제 머리는 제가 알아서 할게요", "모두가 주인공일 필요는 없어. 관객이 되면 되니까" 같은 급훈으로 말이야.

교사와 학생은 어른 대 아이, 윗사람 대 아랫사람이 아니라 시민 대 시민, 사람 대 사람으로 만나야 해. 민주주의 사회에서 모든 시민은 평등한 관계에 있어. 설사 대통령이라도 국민보다 위에 있는 건 아냐. 대통령 역시 국민과 같은 높이에 있어. 다만 대통령의 권한과 책임이 클 뿐이야. 학교에서 절실히 필요한 것도 상하 복종이 아니라 상호 존중이 아닐까?

우리는 아주 어릴 때부터 부모님, 웃어른, 선생님, 직장 상사와 같은 다양한 권위에 복종하도록 학습해왔어. 권위를 순순히 따르면 보상이 주어지고 그렇지 않으면 처벌이 주어졌지. 예절의 이름으로 말이야. 그게 당연한 삶의 원리이자 인간의 도리라고 배웠어. 그러니까 우리의 예절이란 아랫사람이 윗사람에게 지켜야 하는 규범이야. 예절은 오로지 아이가 어른에게, 자식이 부모에게, 학생이 선생에게, 후배가 선배에게, 직원이 사장에게, 후임이 선임에게 지켜야 하는 규범이지.

윗사람이 아랫사람에게 지켜야 할 예절도 분명 있는데 그

건 강조되지 않아. 사회적으로 높은 지위에 있는 사람은 자신보다 낮은 지위에 있다고 여기는 사람에게 예의를 지키지 않는 경우가 태반이지. 아이가 어른에게, 학생이 선생님에게 반말을 하면 안 되지만 그 반대 관계에선 예사로 반말을 하잖아. 지금 예절은 아래에서 위로 올라갈 뿐, 위에서 아래로 흐르지 않고 있어. 그렇게 본다면 예절은 평등하지도, 공평하지도 않아. 강자에게선 더더욱 예의를 찾기 어렵지. 강자의 예의는 더 큰 강자에 대한 예의일 뿐인 경우가 많아. 우리 사회에서 개인들 간의 평등한 교제를 뒷받침하는 시민적 예절과 교양은 낯설고 드물지. 이는 학교도 마찬가지일 테고. 한쪽으로만 계속 기울어지는 시소를 어떻게 하면 정상적으로 오르락내리락하며 재밌게 탈 수 있도록 만들 수 있을까? 그럼 우리 학교가 좀 더 재밌는 배움의 장이 될 텐데. 다시금 생각해볼 일이야.

7

가방

내 능력은 내 것일까

"나를 풍요롭게 해줄 대상을 찾지 말고,
나 스스로가 풍요로운 사람이 되려고 항상 노력해야 한다."

– 니체(철학자, 1844~1900)

나는 소비한다, 고로 존재한다

패션은 나를 표현하는 도구야. 앞에서 교복을 다루면서 이미 확인했었지? 하지만 교복만 벗는다고 바로 개성이 살아나는 건 아냐. 교복을 벗고 나서 또 다른 유니폼을 입거든. 교복을 벗고 입는 유니폼이 뭐냐고? 바로 특정 브랜드라는 유니폼이야. 사람들은 특정 브랜드의 옷을 입음으로써 사회적·계급적 차이를 드러내곤 해. 고가 의류를 소비하며 "나는 당신과 다르다"는 신호를 보내는 거야.

몇 해 전 '캐몽'이 유행한 적 있었어. '캐몽'은 캐나다구스와 몽클레르라는 서로 다른 패딩 브랜드를 합친 말이야. 한 벌에 100만 원을 호가하는 점퍼를 왜 입는 걸까? '캐몽'이 유행하기 전에는 학생들 사이에서 '노페(노스페이스의 줄임말)'가 유행했었지. 그때 인터넷에는 우습게도 '노페 계급도'가 돌아다니기도 했어. 노페의 가격대에 따라 달라지는 상대적 지위를 나타낸 그림이었지. 특히 너희에게 옷이란 게 어떤 의미인지 볼 수 있는 대목이야.

명품 소비도 다르지 않아. 사람들이 명품을 입고 신고 메고 다니는 이유, 명품에 집착하는 이유가 뭘까? 소비를 통해 정체성을 확립하려는 '바이덴티티buydentity' 문화 때문이겠지. 그런 점에서 명품 소비는 자기를 표현하는 게 아니라 자기를 포장하는 거라고 볼 수 있어. 몸에 두른 명품이 보여주는 것은 자기만의 독특한 미적 취향이라기보다 브랜드 이름에 불과해. 즉 명품을 통해 나의 경제적 지위를 과시하려고 하는 거야.

앞서 말한 옷은 물론이고 학생들은 자신이 갖고 있는 신발, 학용품, 스마트폰, 액세서리 등을 통해 부모의 경제력을 드러내기도 해. 설사 고가의 물건을 구매할 형편이 아니더라도 기죽지 않기 위해 무리하는 경우도 있지. 그중 대표적인 것이 가방이라고 할 수 있어. 예전에 란도셀 가방이 유행했었어. 싼 건 30만 원대, 비싼 건 70만 원대에 이르는 고가인데 한때 학부모들이 초등학교 입학을 앞둔 아이를 위해 경쟁적으로 구매하기도 했었지.

구별 짓기 vs 차이 지우기 vs 비슷해지기

투표용지는 누구나 한 장씩만 가질 수 있어. 돈이 많든 적든, 교육 수준이 높든 낮든, 모두 똑같이 하나의 투표권을 가지는 거야. 그러나 문화는 똑같은 한 장을 허용하지 않지. 모두가 한 번에 한 벌의 옷을 걸치고 하루에 세 끼의 식사를 하지만, 어떤 것을 입고 무엇을 먹을지는 계층에 따라 구분되곤 하거든. 독일 법학자 루돌프 폰 예링(1818~1892)은 "패션에는 어떤 사람이 '상류사회에 속해 있는지 그렇지 않은지'에 대한 외적인 기준이 포함되어 있다"라고 말하기도 했어.

예전에 "당신이 사는 곳이 당신이 누구인지 말해줍니다"라는 인상적인 아파트 광고 문구가 있었어. 내가 가진 것이 곧 나인 세상인 거야. 이런 사회에서는 더 많은 것, 더 값진 것을 갖는 일이 무엇보다 중요하겠지. 사람들은 그것을 통해 남과 구별되는 자기만의 정체성을 보여줄 수 있다고 믿어. 프랑스 사회학자 피에르 부르디외(1930~2002)는 이를 '구별 짓기'라고 불렀어. 구별 짓기를 소비의 측면에서 이해하면 과시형 소비라고 할 수 있을 거야. 타인에게 보여주기 위한 목적으로 상품을 소비하는 거지.

과시형 소비의 대표 사례로 앞서 말한 명품 소비를 들 수 있어. 명품 브랜드를 선호하는 이유는 특정한 기능이나 용도 때문이 아냐. 브랜드의 가치를 통해 자기를 브랜드화 혹은 등급화하기 위해서야. 명품에 지불되는 금액은 상품 그 자체보다 타인들의 선망 어린 시선을 받기 위해 치르는 비싼 대가로 볼 수 있어.

과시형 소비 외에도 추종형 소비가 있어. 추종형 소비는 모방 소비야. 12개월 할부를 해서라도 명품을 사거나 명품과 비슷하게 만든 '짝퉁'을 사서라도 어떻게든 간극을 좁히려고 하지. 명품을 쉽게 살 능력이 있는 이들과 명품을 살 능력이 충분히 되지 않는 자신 사이의 간극 말이야. 그런 점에서 추종형 소비는 '차이 지우기'라고 말할 수 있어. 프랑스 사회학자 피에르 부르디외(1930~2002)에 따르면, '구별 짓기'를 당하는 쪽에선 차이를 지우려고 끊임없이 애쓴다고 해. 애초에 소수의 전유물로 '구별 짓기'를 가능하게 했던 특정 패션이, 어느 순간 누구나 따라 하는 평범한 패션으로 전락하는 이유야. 이렇게 되면 명품은 희소하지 않지. 다소 비싸긴 해도 돈만 있으면 누구나 살 수 있거든.

독일 철학자 게오르크 지멜(1858~1918)은 《철학적 문화Philosophische Kultur》에서 "패션은 항상 계급의 패션이며, 상류 계층의 패션은 그보다 낮은 계층과는 구별되며, 후자의 계층이 이를 받아들이는 순간 (상류 계층은 이를) 포기해버린다"라고 말했어. 그리고 상류층은 새로운 패션을 찾아 나선다는 거지. 문제는 이런 과정이 끊임없이 되풀이된다는 점이야. 구별 짓기와 차이 지우기가 뫼비우스 띠처럼 무한 반복하는 거지. 그 과정에서 등장한 게 '한정판' 같은 거야. 적은 수효만 출시한다는 핸드백, 하이힐, 옷, 모자 등 말이야.

여기에 동조형 소비가 포개지는 양상이야. 바로 '비슷해지기'지. 우리는 패션에 참 관심이 많아. 문제는 나보다 남이 뭘 착용하는지에 더 관심이 많다는 거야. 집단주의가 두드러진 사회에선 남과 엇비슷하게 보이려고 따라 하기도 해. '등골 브레이커'로 치부되면서도 고가의 아웃도어가 유행하고 '국민 유니폼'처럼 롱패딩이 유행하지. 전 국민의 '산악인화', 전 학생의 '번데기화'라고나 할까. 이처럼 남과 비슷해지려고 하는 소비를 동조형 소비라고 해.

패션의 유행은 대체로 위에서 아래로 흘러. 패션 혁신자-패션 리더-대중 소비자-패션 지체자(무관심자)의 순서로 전파되거든. 패션 혁신자의 숫자는 매우 적어. 이들이 입는 옷은 소량 생산된 디자이너의 작품일 때가 많기 때문이지. 새로운 것을 과감하게 추구하고 그것을 시도할 만한 경제력을 갖추고 있다는 게 특징이야. 대중 소비자는 패션 혁신자에서 패션 리더를 거쳐 대량 생산이 이루어진 다음에야 유행에 동참하지. 대량 생산에 돌입하면 제품의 가격이 상당히 저렴해지기 때문이야.

물론 아래에서 위로 전파되는 패션도 있어. 청바지, 빈티지 룩, 힙합 바지 등은 대중이 입던 옷이 사회 전체로 일반화된 사례야. 그러나 이 모두는 자본, 즉 패션 산업을 매개로 사회에 퍼졌어. 순수하게 하위 집단에서 상위로 퍼져나가 전체로 확대된 게 아니란 뜻이지.

패션 취향도 계층 대물림의 한 고리가 될 수 있어. 물론 이때의 취향은 단순히 고가 제품을 살 수 있는 경제력을 뜻하지 않아. 취향은 오랜 시간 길들여지고 다듬어지는 거니까. 혹시 계층은 취향과 같은 것을 매개로 대물림되기 어렵다고 생각해? 그렇다면 바로 이어서, 부모가 속한 계층이 자식에게 어떤 방식으로 대물림되는지 살펴보도록 하자.

미래는 과거에 달렸다

요즘 학생들이 생각하는 성공 모델이나 인생 목표는 대체로 비슷할 거야. 한마디로 정리하자면 '명문대 출신의 강남 건물주'야. 좋은 대학 나와서 돈을 모아 건물 사고, 그 건물에서 나오는 세를 받아먹으며 사는 삶이 대다수의 꿈이 되어버렸지. '사회적 가치의 획일성'이랄까. 모두가 비슷한 꿈을 좇으며 살아가는 것 같아.

'명문대 출신의 강남 건물주'가 되려면 우선 그 명문대부터 가야 할 거야. '할아버지의 재력, 아버지의 무관심, 어머니의 정보력, 그리고 학생의 체력.' 이게 뭐냐고? 좋은 대학에 가기 위해 갖춰야 할 네 가지 덕목이래. 재력은 사교육과 특히 밀접한 관련이 있어. 사교육은 부를 대물림하는 중요한 연결고리로 작용하거든. 교육에 더 많이 투자할수록 개인의 능력과 가치가 올라가고 그에 따라 소득이 증가할 거라고 기대하면서 사교육에 올인하는 거야. 곧 교육을 일종의 '투자'로 보는 거지.

통계청이 조사한 2017년 한 해 우리나라의 사교육비 총액은 무려 18조 6천억 원이야. 게다가 사교육비는 계층에 따라 철저하게 위계화되어 있어. 마치 짜기라도 한 것처럼 소득 수준별로 정확히 나눠지지. '부모'라는 과거가 아이의 미래를 결정하는 현실인 셈이야.

상식적으로 사교육이 학업 성취도에 미치는 영향이 크다고 생각할 거야. 그러나 사교육의 효과를 의심하는 연구들도 꽤 많아. 일종의 가족 배경을 통제할 경우 사교육이 대학 진학에 미치는 효과는 통계적으로 의미 없는 수준이라고 보지. 그런데

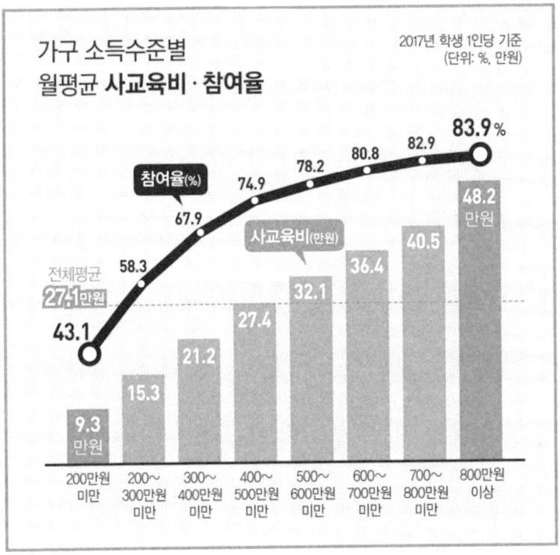

가구 소득수준별 학생 1인당 월평균 사교육비·참여율(2017년).

사교육의 효과가 커 보이는 이유가 뭘까? 소득이 높을수록 사교육을 더 많이 시킬 수 있기 때문이야. 사실은 사교육 자체가 아니라 가족 배경이 좋은 대학을 가는 결정적인 요인으로 작용하는데 말이지.

그렇다면 사교육의 도움 없이 부모의 학력이나 소득이 어떻게 자녀교육에 영향을 미칠 수 있을까? 이에 대해서는 부모의 직접적인 학습 조력(인적 자본), 소득·재산 등 경제력에 따른 물질적 자원(물적 자본), 친지親知의 학습 조력 및 인맥에 따른 사회적 자원(사회 자본), 지적·정서적 자극에서 형성되는 취향·교양 등 문화적 자원(문화 자본) 등이 자녀의 학업 성취에 영향을 미친다는 분석이 있어. 문화 자본에는 앞서 다룬 패션이나 미적 감각 등이 포함되지.

신분제는 여전히 살아 있어. 한국 사회에서 성공하려면 무엇이 필요할까? 1964년 실시한《동아일보》설문조사에서는 실력(49퍼센트), 돈(26퍼센트), 인맥(18퍼센트) 순이었어. 2016년 같은 질문을 던지자 인맥(36.8퍼센트), 실력(33.8퍼센트), 돈(28.5퍼센트) 순으로 바뀌었지. 혈연, 학연, 지연 같은 인맥의 중요성이 과거보다 커졌다는 거야. 힘 있고 돈 있는 부모의 전화 한 통, 끌어주는 동문 선배의 손길, 같은 고향에서 자란 지인의 도움이 더 중요해진 거지.

사교육의 영향이 크든 작든, 중요한 건 부모의 배경이 자녀의 교육에 매우 큰 영향을 미친다는 사실이야. 이제 학력은 개인이 노력으로 얻은 능력을 대표하는 지표가 아냐. 개인의 배경을 드러내는 지표로 전락했어. 공교육이 신분 상승의 사다리였던 때는 지났어. 희망의 다리는 끊겼고, 끊긴 자리에는 절망만이 곰팡이처럼 피어 있지. '개천의 용'은 사실상 멸종했어. 화석으로만 존재할 뿐이야. 아무리 용을 써도 용이 되기 어려워.

부모라는 과거가 나의 미래를 결정한다면 현재의 노력은 무의미하지 않을까? 그럼에도 불구하고 사람들은 포기하지 않아. 1만 시간을 노력하면 성공할 수 있다는 실낱같은 희망을 안고 버둥거리지. 멸종한 개천의 용이 여전히 살아 있는 것처럼 말이야. 물론 노력의 의미와 성과는 여전히 유효해. 다만 '개인의 노력'이 성패를 가르는 절대 기준은 아니라는 거지. 우리는 이 사실을 애써 무시해. 교육이라는 마술 장치 때문이야. 영국 사회과학자 폴 윌리스(1945~)가 《학교와 계급재생산Learning to labour》에서 밝힌 것처럼 '학교는 지배적인 생산관계를 재생산하고 아울러 누구든지 실력만 갖추면 얼마든지 출세할 수 있다는 이데올로기를 재생산'하고 있는 거야.

부유한 집안이든, 타고난 머리든, 부모에게 물려받은 끼와 재능이든, 결국 남보다 더 여건이 좋은 아이들이 성공하기 쉬운 게 현실인데 학교는 성공하지 못한 이유를 오롯이 개인의 탓으로 돌려버리지. 성실히 노력하고 열심히 공부하지 않았기 때문에 가난한 이들이 못산다는 식으로 말이야. 모든 걸 '네가 공부 못한 탓'으로 돌리면 그만인 거지.

사교육의 오래된 그늘

어른인 아빠는 이틀 동안 20시간 일하고 28시간 쉬는데, 어린이인 나는 27시간 30분 공부하고 20시간 30분을 쉰다. 왜 어린이가 어른보다 자유시간이 적은지 이해할 수 없다. (…) 물고기처럼 자유로워지고 싶다.

2002년 초등학교 5학년 아이가 남긴 마지막 일기야. 17년이나 흘렀지만 상황이 나빠지면 나빠졌지 좋아지진 않은 것 같아.

우리나라 학생들은 어마어마한 시간을 학습에 투입해. '공부 노동'으로 불러도 어색하지 않을 만큼 노동에 가까운 학습이지. 방학 때도 마찬가지야. 원래 방학放學의 의미는 학교와 학업에서 '풀려나는' 것인데, 지금은 정반대야. 방학이 되면 학교 대신 학원을 전전하니까. 방학 동안 놀거나 쉬거나 탐구하는 시간은 거의 없고 학습에 상당 시간을 바치지.

사교육을 많이 받으면 학생들의 경쟁력이 올라갈까? 앞에서 시험이 축구 테스트와 비슷하다고 했던 것 기억나? 필기시험 사교육을 엄청나게 받는다고 해서 실제 축구 실력이 늘어날까? 아주 약간 도움이 될 수도 있지만, 궁극적으로 축구 실력이 늘어나진 않지. 이때 받는 사교육은 축구와 관련된 문제를 틀리지 않고 더 많이, 더 빨리 푸는 연습일 뿐이니까.

축구 테스트와 내신, 수능은 다른 것 아니냐고? 그다지 다르지 않아. 사교육도 실력을 길러주는 건 아니거든. 누누이 이야기했지만 시험공부를 많이 했다고 그것이 실력으로 연결된다고 말할 수는 없거든. 여러 번 키를 잰다고 키가 자라는 건 아냐. 사교육은 그저 시험 점수만을 높여줄 뿐이야. 행복과는 더더욱 상관없고.

A와 B라는 나라가 있다고 생각해봐. A 나라의 학생들은 어릴 때부터 충분히 쉬고 자고 놀면서 공부해. 반면 B 나라의 학생들은 어릴 때부터 학교와 학원을 시계추처럼 오가며 공부만 해. 쉬거나 놀거나 즐길 틈도 없이. 그렇다고 B 나라의 학생들이 A 나라의 학생들보다 더 똑똑한 것도 아냐. 시험 문제를 더 많이 풀어봤을 뿐이지. A와 B 중 어느 나라의 학생들이 더 행복할까? A 나라가 아닐까? 대표 격인 나라가 핀란드야. 하지만 대한민국은 불행하게도 B 나라의 처지를 오랫동안 벗어나지 못하고 있어. OECD가 전 세계 54만 명의 학생들을 조사한 결과, 한국 학생들의 '삶의 만족도'는 48개국 중 47위에 머물렀지.

우리나라는 공부 시간이 길고, 특히 사교육에 많이 의존하잖아. 아주 일찍부터 사교육을 시작하기도 하지. 국제학업성취도평가에서 한국은 1위까지는 아니지만 좋은 성적을 거두는 편이야. 반면에 핀란드 학생들은 학습 시간이 적어. 수업은 보통 2~3시면 모두 끝나고 학원에 가는 경우도 드물어. 하교 후에는 대부분 취미 활동을 하며 자기 시간을 보내지. 그런데도 핀란드는 국제학업성취도평가에서 늘 1위를 차지해. 놀랍지 않니? 〈다음 침공은 어디?〉(2015)라는 다큐멘터리 영화에서 핀란드 교육을 인상적으로 다루니 한 번쯤 보는 것도 괜찮을 거야.

극장에서 앞사람이 일어서면 뒷사람은 어떻게 될까? 안 보여서 화내거나 덩달아 일어서려 할 거야. 결국 모든 사람이 일어서서 영화를 본다고 가정해볼까? 맨 앞줄만 빼고 말이야. 상영 내내 모두가 서서 영화를 본다면 다리만 아프고 얼마나 고역이겠어. 그런다고 영화가 더 재밌는 것도 아닐 텐데 말이야. 대한민국의 현실이 이렇지 않을까? 사교육의 경쟁에 빠져 다 같이 불행 속에서 허덕이고 있어. 행복하기 어려운 현실이야.

국가의 교육 수준이 높을수록 그 국가는 번영할까? 1990년대까지 스위스의 대학 진학률은 다른 선진국들의 3분의 1 수준이었어. 1990년대 중반까지도 대학 진학률이 10퍼센트 남짓이었지. 그런데 지금 스위스는 세계에서 가장 부유하고 산업화된 나라 중 하나야. 스위스의 사례는 교육, 더 정확히는 대학 진학률이 한 사회의 생산성에 미치는 효과가 생각보다 낮을 수 있다는 사실을 보여주지.

고등 교육은 경제학에서 '분류'라 일컫는 기능이 두드러진다고 볼 수 있어. 무슨 이야기냐고? 고등 교육은 고용 시장에서 '순위를 매기고 적임자를 고르는' 기준이 되거든. 사실 대학에서 얻은 지식은 직장에서 업무를 수행할 때 그리 도움이 안 돼.

역사학이나 심리학을 전공하면서 배운 지식이 행정 공무원이나 세일즈맨에게 어떤 쓸모가 있을까? 그런데도 대졸자를 채용하는 건 더 많이 오래 공부했으니 그렇지 않은 사람보다 영리하고 의지가 강할 것이라는 기대 때문이라고 할 수 있어. 전공과 상관없이 대졸자를 채용하는 회사는 그가 지닌 구체적 지식보다는 이런 일반적 능력을 보고 채용한다고 볼 수 있는 거지.

공정한 교육은 실현 가능할까

"행복한 가정은 엇비슷하게 닮았지만, 불행한 가정은 저마다의 이유로 불행하다."

러시아의 대문호 톨스토이(1828~1910)가 쓴 소설《안나 카레니나》를 여는 첫 문장이야. 행복의 얼굴은 닮은꼴이지만 불행의 얼굴은 천차만별이라는 뜻이지. 가족 구성원이 건강하고 화목하며 근심이 없을 때 대개의 가정은 행복해. 반면 건강이든 애정이든 금전이든, 여러 요소 가운데 하나만 나빠져도 불행에 빠질 수 있어. 그래서 불행한 가정은 원인이 다양하지. 19세기의 이 문장은 21세기 한국에서 이렇게 바뀌었어.

"불행한 가정은 모두 엇비슷한 이유로 불행하다. 바로 돈 때문이다."

좋은 대학은 내가 노력한 결과로 가는 걸까, 아니면 좋은 환경에서 좋은 교육을 받아서 가는 걸까? 한마디로 자기 노력일까, 아니면 타고난 운일까? 쉽게 답하기 어려운 질문이야. 영국인 7만 명을 대상으로 진행한 70년의 대규모 추적 연구《라이프 프로젝트The Life Project》에 따르면, 노동 계층의 자녀는 아무리 똑똑해도 시간이 지나면서 중상류층의 아이에게 추월당했어. 결국, 능력의 상당 부분이 운에 기댄다는 사실을 알게 되었지. 똑똑하게 태어나는 것, 좋은 부모 밑에서 좋은 교육을 받고 자라는 것 모두가 개인의 노력과 상관없이 주어진다는 거야.

타고난 재능, 부모와 환경 등이 운이라 하더라도 어쨌든 개인의 노력이 뒷받침되지 않으면 무의미하지 않느냐고? 맞아. 그런데 열심히 노력하는 태도는 오로지 의지의 결과일까? 노력하는 성향이나 과제 집중력도 타고났거나 특정한 환경 아래서 길러졌을 가능성이 높은 건 아닐까? 어떤 부모에게서 태어나 어떤 환경에서 자라느냐에 따라 크게 달라질 테니까 말이야. 그렇게 본다면 결국 교육에서 중요한 것은 경제적·사회적 배경과 상관없이 누구나 자기 소질과 역량을 기를 수 있도록 도와줘야 한다는 거지.

영국의 몇몇 학교들은 값비싼 학용품, 책가방 등을 금지했어. 대신 학교는 모든 학생에게 책가방을 비롯해 똑같은 학용품을 지급했지. 겉으로 드러난 차이가 가난한 학생들을 위축시키고 학습 의욕을 떨어뜨린다고 여겼기 때문이야. 그게 다가 아냐. 교사들 사이에서는 심지어 가정 형편, 부모의 경제력 등이 노출될 수 있는 질문도 금지하자는 주장이 공감을 얻고 있다고 해. 가령 "주말 동안 가족과 어떻게 지냈니?" 같은 질문을 하면 의도치 않게 학생의 가정 형편이 드러날 수도 있겠지. 그런 질문을 아예 금지하자는 거야.

나아가 사교육의 영향력을 줄이는 노력이 필요해. 가령 덴마크에서는 열 살이 되기 전까지 아이들을 능력에 따라 '분류'하지 않는 교육 정책을 편다고 해. 숙련도가 다소 높은 것만 가지고 잠재된 재능이 있다고 판단하기 어렵기 때문이지. 숙달이 잠재력을 의미하는 건 아니니까. 남보다 먼저 경험했기에 남보다 숙련도가 높아졌을 가능성이 있잖아. 그래서 능력을 변별하는 시기를 최대한 늦춤으로써 남보다 먼저 경험해서 잘하게 된 효과가 사라질 때까지 기다린다고 해. 너희들의 생각은 어때?

혹시나 싶어 말하자면, 부모라는 과거가 나의 미래를 결정한다고 해서, 운이 성적과 성공을 좌우한다고 해서, 노력이 아무런 의미가 없다는 말은 아니야. 다만 이런 현실을 외면하기보단 제대로 직시하고, 내가 누리는 것들을 돌아보자는 거지.

자기가 누리는 것들이 전부 자기 노력의 결과인지 돌아보고, 더 나아가 자기보다 어려운 처지에 있는 이들은 어떤 조건과 환경 속에 있는 것인지 헤아려보자는 말이야. 이런 태도가 중요한 것은 사회적 연대가 바로 여기에서 나오기 때문이지. 그런 돌아봄과 헤아림 속에서 우리는 자기 성취에 겸손할 줄 알고 고통과 좌절에 빠진 이들에게 관대할 수 있어.

8

출석부

나는 숫자가 아닙니다

"나는 사회보장보험 번호도,
화면 속 점도 아닙니다. (…)
나는 개가 아니라 인간입니다."

– 영화 〈나, 다니엘 블레이크〉(2016)

너의 이름은

한 해 토익 응시자가 200만 명에 달한대. 단기간에 고득점을 따려는 사람들 덕분에 토익 기숙학원까지 등장했어. 하루 14시간, 주 6일, 총 7주간 수업을 하는 학원이야. 그런데 이들 학원에선 같은 반 학생들끼리 서로 이름을 모른다고 해. '통성명 및 대화 금지' 규정 때문에 이름 대신 번호로 상대를 불러야 하거든. '2번님', '3번님' 이런 식으로 말이야. 그밖에도 음주 금지, 사랑 고백 금지, 스마트폰 사용 금지 등의 규정이 있고, 어기면 학원에서 퇴출 조치되지.

학원은 통성명을 왜 금지했을까? 통성명을 하는 순간 '아는 사이'로 발전하기 때문이지. 비슷한 처지에 공감하며 쉽게 친해질 수 있거든. 친목 모임이 생길 수도 있고, 이성 교제를 할 수도 있지. 학원에 들어와 토익 점수가 오르기는커녕 떨어질 게 빤하다는 게 학원의 판단이야. 그래서 이런 '비인간적'인 규정이 생겨나도 수강생들은 군말 없이 받아들이지. 사전에 이 사실을 알고 여기에 동의해서 수강 등록을 했으니까.

토익 기숙학원 정도는 아니지만, 학교에서도 번호가 이름을 대신할 때가 있어.

"오늘 13일이니까 13번이 나와서 풀어봐."

"오늘 청소는 1번부터 5번까지 하도록."

학교에서 대다수 학생들은 좋든 싫든 자기 의사와 상관없이 이름 대신 출석 번호로 불릴 때가 많지. 새 학기에 주어지는 번호가 1년 내내 따라다녀. 그 번호가 자기인 셈이야. 토익 기숙학원과 차이가 있다면 중·고등학생 대다수는 그런 호명 방식에 스스로 동의하지 않았다는 점이지.

출석 번호에서 우선 눈에 띄는 것은 순서일 거야. 출석부를 남학생은 1번부터, 여학생은 51번부터 배정하는 학교들이 있어. 모든 학교가 그런 건 아니지만, 일부 학교에 여전히 남아 있는 성차별의 잔재야. 순서가 뭐가 중요하냐고? 성차별은 과장된 지적이고, 순서는 그저 편리를 위해 그렇게 정해진 것이며 우연한 결과라고?

국가인권위원회는 2005년 "성별과 관계없이 아동을 차별하지 말아야 한다"라는 내용의 국제연합UN 아동 권리에 관한 협약 제2조를 들어 이미 '남학생부터 출석 번호를 매기는 행위가 성차별'이라고 지적했어. 생각해보면 주민등록번호도 남자는 1로, 여자는 2로 시작하지. 2000년 이후 출생자들은 남자가 3, 여자가 4로 시작해. 만약 남학생이 1번인 게 우연이라면 여학생이 1번인 학교도 있어야 할 텐데, 그런 학교가 없다는 사실은 순서에 담긴 성차별을 방증해.

출석 번호를 둘러싼 문제는 성차별에 그치지 않아. 너무도 당연하게 여기는 번호 붙이기와 번호 부르기는 애초에 어떤 필요에서 생겨난 것일까? 근본적으로 출석 번호가 왜 생겨난 것인지, 그리고 오늘날에도 꼭 필요한 것인지부터 생각해봐야겠지. 나아가 출석 번호로 대표되는 '숫자'에 대해서도 생각해봐야 할 거야. 여기서는 숫자와 밀접히 연관된 '서열' 문제를 반드시 짚어볼 필요가 있어.

숫자는 힘이 세다

사실 출석 번호는 학생과는 그다지 상관이 없어. 그저 행정 편의상 붙여진 숫자일 뿐이거든. 그런데 왜 교실에서 수업

할 때도 종종 쓰는 걸까? 교사들 입장에서는 그게 편하기 때문이야. 이름을 부르려면 외워야 하고, 외우지 못했다면 출석부를 들춰봐야 하니까 번거롭겠지. 수업 중 누구를 딱 찍어서 시키기 곤란할 때 번호를 부르면 부담이 덜해. 번호를 통해 학생들을 쉽게 관리할 수 있는 거야.

우리는 교사를 가르치는 사람으로만 생각하지만, 실제 하는 일을 보면 교사는 가르치는 사람인 동시에 행정 종사자야. 교무실에서 교과 연구를 하기보다 교무 행정에 더 많은 시간을 쏟고 있지. 교무실은 연구실이라기보다 교무 행정의 공간에 가까워. 좀 극단적으로 표현하자면, 학교에서 행정은 교육을 압도하지. 어쩌면 이런 특수성 때문에 학생들에게 붙여진 일련번호가 행정 공간을 넘어 교실 공간으로 파고든 게 아닐까 싶어.

번호 부르기의 가장 큰 문제는 학생 인권을 침해한다는 거야. 이름 대신 학급, 번호, 석차 등 숫자로 호칭되고, 학생들은 각자의 개성과 고유성을 드러낼 수 없어. 그 숫자들에는 학생 한 명 한 명이 없어. 《사토 마나부, 학교개혁을 말하다學校を改革する》에 따르면 일본의 경우 중학교 교무실에서 1년간 단 한 번이라도 이름으로 불리는 학생은 10퍼센트 남짓에 불과하다고 해. 전교생 350명 중 35명이 한 번씩 불리는 정도라는 거지. 나머진 1년 내내 이름도 없이 다니는 거고. 우리도 사정이 다르지

않을 거야. 교사에게 호명되지 못한 학생들은 자신이 존중받는 인격체라고 느끼기 어려울 거야. 그저 관리받는 대상으로 스스로를 여길 수도 있어.

OECD에 속한 주요 국가들은 학교에서 학생들에게 번호를 부여하지 않아. 설사 부여하더라도 이름 대신 쓰지는 않고. 왜 그럴까? 이유는 간단해. 이름을 불러줄 때 인격적 만남과 전인적 교육이 가능하기 때문이야. 김춘수의 〈꽃〉이란 시는 이를 잘 보여주지.

내가 그의 이름을 불러주었을 때
그는 나에게로 와서
꽃이 되었다.

이름을 기억하고 불러줌으로써 상대방에 대한 관심과 인정을 표현할 수 있는 거야. 반면 이름 대신 번호를 부를 때 우리는 의식적으로든 무의식적으로든 사람을 물건처럼 취급할 수 있어.

고등학교 때까지는 출석 번호가, 대학생이 되어서는 학번이 주어지지. 학교 밖에서도 번호가 주어져. 여권에는 여권 번호가, 통장에는 계좌 번호가, 사원증에는 사원 번호가, 운전면

허증에는 운전면허 번호가 주어져. 이쯤 되면 '나는 곧 숫자'인 셈이지. 이들 번호는 특정 기관이 다수의 사람을 효율적으로 관리하기 위해 부여돼. 출입국 업무, 은행 사무, 사원 관리, 교통 행정 등 특정 행정 업무와 관리 업무를 위해서 말이야.

국민을 효율적으로 관리하고 통제하는 대표적인 숫자가 주민등록번호야. 주민등록번호는 시민들을 통제하기 위한 수단으로 발전했어. 1968년 처음 도입할 때만 해도 생년월일은 없었거든. 앞자리가 생년월일로 바뀐 건 유신헌법이 제정된 후인 1973년부터야. 군사 독재 정부가 촘촘한 주민 관리로 국민을 손쉽게 감시하고 통제하기 위해서였어. 유신헌법은 박정희 전 대통령이 장기 집권을 위해 제정한 헌법이야. 모든 국민에게 고유 번호를 부여해 관리하는 나라는 사실 드물어. 설사 번호를 이용하더라도 각자의 생년월일, 성별 등 개인 정보를 포함하진 않아.

이처럼 행정상 필요로 만들어진 숫자들은 개인의 인격을 지우지. 교도소에서 수감자를 번호로 부르는 게 대표적이야. 제2차 세계대전 당시 아우슈비츠 수용소에서도 팔뚝에 수감 번호를 새기고 그 번호로 사람을 불렀어. 이름이 아닌 숫자로 불린 사람에게 가하는 폭력은 아마도 죄책감이 덜했을 거야. 《이것이 인간인가Se questo è un uomo》를 쓴 아우슈비츠 생존자 프리모

레비(1919~1987)의 증언처럼, 수감자들은 그렇게 '이름도 없이' 구타에 길들여진 짐승 같은 존재가 되고 말았어.

지금은 '서열 놀이' 중

학교에서 가장 대표적인 숫자는 등수와 점수야. 등수와 점수는 서열과 깊은 연관이 있어. 숫자는 직관적으로 크고 작음을 드러내기 때문에 대개 서열화를 동반해. 숫자의 총합에 따라 서열이 결정되는 거야. 학생들의 다양한 능력과 잠재력이 시험 성적이라는 하나의 잣대로 평가되고, 그밖에 다른 능력은 무능력으로 폄하되지. 점수의 차이를 모든 능력의 차이로 치환하는 거야. 등수와 점수는 서열에 따른 상대적 비교를 통해 경쟁을 더욱 부추기지.

교실은 결코 평평한 공간이 아냐. 거기에는 온갖 서열이 촘촘하게 똬리를 틀고 있어. 공부를 잘하나 못하나, 싸움을 잘하나 못하나, 집이 잘사나 못사나, 외모가 빼어나나 평범하나 등에 따라 위계화되어 있지. 그런데 그중에서도 중요한 서열은 등수와 점수일 거야. 성적의 서열화는 곧 대학의 서열과 관련 있어. 서·연·고·서·성·한·중·경·외·시……. 주요 대학들의 앞자리를 서열에 따라 열거한 걸 많은 수험생들이 주문처럼 외우곤 해. 어떤 대학의 어떤 학과가 내 꿈을 펼치는 데 가장 적합할지가 아니라 그저 더 상위에 있는 대학에 가는 게 목표일 뿐이야. 소위 명문대라는 이유만으로 선망의 대상이 되는 거지. 자기가 더 공부하고 싶은 학과가 있는 대학교는 다음이고, 우선적으로 간판에 집착하는 거야.

수능이 끝나고 뉴스에서 가장 먼저 다루는 것은 불수능인지 물수능인지, 만점자가 몇 명인지, 서울대에 입학하려면 몇 개를 틀려야 하는지 등이야. 입시철이 끝나면 일부 학교 정문 위에 '서울대 ○명 합격!' 같은 플래카드가 나부끼지. 우리 사회가 서열, 그중에서도 서열의 맨 앞자리에 유독 관심이 많다는 것을 확인할 수 있는 대목이야. 도대체 만점자가 몇 명인지, 서울대 커트라인이 몇 점인지가 60만여 명 전국 수험생에게 무슨 의미가 있을까? 전 국민이 그걸 굳이 알아야 할까?

대학생들의 서열주의도 심각한 수준이야. 대학생들조차 대학끼리 서열을 나누거든. 그러고는 명문대는 인서울을, 인서울은 지방대를 무시하기도 해. '지잡대', '지거국' 같은 말 들어봤지? 대부분의 지방대가 '듣보잡' 취급을 받곤 해. 단지 지방에 있다는 이유만으로 비하와 멸시를 하는 거야. 미국의 하버드, 영국의 옥스퍼드와 케임브리지 등 선진국의 소위 명문대들은 대개 수도가 아닌 지방의 소도시에 있는데 말이야.

시험으로 평가하는 것이 공정하다는 믿음은 점수에 따른 서열 정리를 당연하게 만들어. 이 때문에 성적이 좋은 학생들과 성적이 나쁜 학생들 사이에는 좁히기 힘든 간극이 생겨버리지. 사회학자 오찬호가 쓴《우리는 차별에 반성합니다》라는 책에는 이런 세태를 반영한 대학생의 발언이 소개돼 있어.

"지방대는 저희 학교보다 대학 서열이 낮아도 한참 낮은 곳인데, 제가 그쪽 학교의 학생들과 같은 급으로 취급을 받는 건 말이 안 되죠!"

점수로 서열화된 대학에 들어간 학생은 자신의 위치를 점수에 비춰 생각하고 있는 거야. 이 대학생이 보는 한국 사회는 점수로 쌓아올린 신분제 사회와 다름없어. 점수가 곧 능력이고, 능력이 곧 신분이지. 이런 사회에서 대학이나 수능 성적에 따른 차별은 어쩌면 당연할지도 모르겠어.

능력주의가 팽배하고 있어. 시험 성적 같은 한정된 능력만 인정한 나머지 그것만이 곧 능력인 양 굳게 믿는 거야. 더 나아가 성적을 오로지 자기 노력으로 얻은 결과라고 생각하지. 과잉 능력주의는 능력자에 대한 우대와 편애를 넘어 무능력자로 낙인찍힌 이들에 대한 차별과 멸시를 정당화해. 능력이 없거나 노력을 안 한 것은 전적으로 그 사람의 탓이 돼버려. 그런데 여기에는 커다란 함정이 숨어 있어. 개인의 노력 외에도 지능, 부모, 교육 환경 등 다양한 요소들이 성취에 영향을 미친다는 사실이 빠져 있다는 점이야. 노력과는 무관하게 주어진 우연한 조건들도 무척 많은데 말이지.

비교는 불행을 낳는다

서열 경쟁은 학교에만 있는 건 아냐. 우리 사회를 지배하는 서열 구조는 사실 더 깊고 넓게 뻗어 있어. 나이, 학번, 계급, 직위, 학벌, 학력, 연봉, 수입, 재산, 아파트 평수 등 온갖 외형적인 조건을 기준으로 사람들을 줄 세우는 경우가 허다하지. 행복마저 서열로 계산할 수 있다는 듯 말이야. 지독한 '평등' 사회가 아닐 수 없어. 여기서의 '평등'은 아파트 '평'수와 학교 '등'수를 가리키는 말이야.

아이가 어른에게 이렇게 얘기하지.

"장밋빛 벽돌로 지은 예쁜 집을 봤어요. 창가에는 예쁜 화분이 가득하고 지붕 위로 새들이 날아다니는 예쁜 집이에요."

그 말을 들은 어른은 그 집이 어떤 집인지 상상하지 못해. 아이가 "백억짜리 집을 봤어요"라고 말하자 그제야 어른은 "참,

멋진 집이구나!"라고 말하지. 《어린 왕자》에 나오는 내용이야. 속물적인 어른들은 자녀가 새로 사귄 친구가 어떤 사람인지는 별로 궁금하지 않지. 부모가 궁금한 건 그 친구 아버지의 직업이나 수입 등이야.

한국 사회에도 그런 어른들이 차고 넘치지 않을까? 어른들이 그토록 숫자에 연연하는 건 어릴 때부터 몸에 밴 등수라는 서열 탓인지도 몰라. 예민하기 그지없는 시기에 우리 부모 세대들은 '20등', '30등' 같은 꼬리표를 달고 살았지. 누구도 예외 없이 말이야. 그로 인한 스트레스와 압박감을 모두가 경험한 터라 학교를 졸업한 뒤에도 그 상처에서 벗어나지 못하는 건 아닐까?

한국 사회의 서열 의식을 적나라하게 보여주는 사례가 학벌이야. 출신 대학에 따라 사회적 지위가 달라지고, 출신 학교에 따라 파벌이 만들어지지. 학벌이 기회를 독점하는 학벌 사회야. 그런 의미에서 학교에서의 서열화는 당연한 결과일지 몰라. 사회 자체가 서열화되어 있기 때문에, 학교에서 벌어지는 서열화는 제도적 결과라고 볼 수도 있어.

'서열 놀이'에 사로잡힌 사람에게 중요한 것은 활동이나 가치가 아니라 서열에서의 위치야. 예를 들어 서열에 목매는 요리사라면 맛있는 음식을 만드는 일보다 오로지 일등 요리사가 되는 게 중요할 뿐이야. 누구나 여러 위계 속에서 하나의 자리를 차지해. 그런데 사람들은 위계에서 차지하는 자신의 위치가 자신의 본질적 가치인 양 착각하지. 어떤 사람의 지위가 높다고 인품까지 우러를 만한지는 따져볼 문제인데 말이야.

서열 의식은 비교 의식과 떼려야 뗄 수 없어. 우리는 어렸을 때부터 늘 남과 비교를 당해왔어. 타인과의 비교에 익숙해진 결과, 스스로 남과 비교하는 데 골몰하게 되지. 자신을 비교의 채찍질로 끊임없이 채근하는 거야. 하지만 비교 성향이 강할수록 외모나 건강, 행복감 등에 대한 만족도가 떨어져. 비교하는 순간 내가 가진 것, 내가 이룬 성취는 보잘것없는 것이 돼버리거든. 이건 '거울' 편에서도 다뤘던 이야기야.

비교는 행복에서 멀어지는 지름길이야. 올림픽 메달 가운데 행복도가 가장 큰 메달은 금메달일 테지. 그런데 금메달 다음으로 행복도가 큰 메달은 은메달이 아닌 동메달이라고 해. 왜 그럴까? 은메달을 딴 선수는 금메달과 비교하느라 자기 메달의 가치와 기쁨을 온전히 누리지 못하는 반면에 동메달을 딴 선수는 메달을 딴 것에 만족하기 때문이야. 자기 메달을 다른 메달과 비교하면 행복은 멀어지지만 오로지 자기 메달에만 집중하면 행복은 가까워지지.

남과 비교하기 바쁜 삶, 오직 남보다 나은 점수와 등수에 혈

안이 된 삶은 삭막해. 자기 내면의 목소리보다 남들이 훌륭하다고 하는 것을 좇아 살기 바쁘거든. 그러다 보면 어느새 나를 잃게 되지. 자기가 진짜 하고 싶은 것, 잘하는 것을 찾는 데는 무관심해지는 거야. 덴마크 출신 작가 말레네 뤼달은 2014년에 쓴《덴마크 사람들처럼Heureux comme un danois》에서 덴마크 청년 중 60퍼센트는 자신이 살고 싶은 삶을 선택할 수 있다고 믿는다고 했어. 60퍼센트는 결코 낮은 비율이 아냐. 프랑스는 26퍼센트, 독일은 23퍼센트에 불과하거든. 우리나라는 어떨까? 프랑스나 독일보다 낫다고 말하긴 힘들 거야.

비교의 욕망을 완전히 버리라는 게 아냐. 우리가 진정으로 행복해지고 건강해지기 위해서는 지금까지와는 다르게 욕망할 줄 알아야 한다는 거지. 비교에는 '나를 죽이는 비교'와 '나를 살리는 비교'가 있어. 남과의 비교는 내 영혼을 갉아먹을 수 있지만, 나 자신과의 비교는 내 영혼을 살찌울 수 있어. 오늘의 내가 어제의 나보다 더 건강해지고 성숙해진다면 말이야. 어니스트 헤밍웨이(1899~1961)는 이렇게 말했어.

"타인보다 우수하다고 해서 고귀한 것이 아니라 과거의 자신보다 우수한 것이야말로 진정으로 고귀한 것이다."

비교의 방점은 '남보다'가 아니라 '이전의 나보다'에 찍어야 해.

‘끝 번호 1234를 쓰시는 분’

학생들이 서열에 목매는 이유가 뭘까? 언제나 점수나 등수로만 인정받아왔기 때문이지. 내가 나로서 인정받은 적이 없어. 점수나 등수 같은 서열로 평가되고 숫자로 가치를 부여받은 학생들은 숫자를 돌려 서열을 매기는 방식으로 모든 것을 평가하며 자신의 행동을 선택하게 돼. 수능 점수가 몇 점인지, 연봉이 얼마인지, 집이 몇 평짜리인지, 자동차 배기량이 얼마나 되는지를 따지다 보면 이런 수량화된 것들 속에서 자기 정체성을 추구하게 된다는 거지. 그런 ‘계산하는 자아’는 무엇이든 가격의 관점으로 보고, 사람 역시 오로지 효용과 쓸모에 따라 판단하기 마련이야. ‘계산하는 자아’에게 타인은 고유성과 존엄성을 지닌 인격체가 아니라 나에게 이로울지 해로울지를 따져야 하는 존재에 불과하지. 비교해선 안 되는 것이 비교 대상으로 전락하는 거야.

그러나 등수나 점수가 인격을 대체할 순 없어. 등수나 점수는 나 자신의 한계가 아냐. 스스로 한계로 받아들이지 않는 이상, 점수나 등수는 그 사람의 한계가 되지 못해. 우리는 공장에서 찍어 만든 상품이 아니잖아. 그렇게 되어선 안 되고 될 수도 없어. 한 학생이 어떻게 불리느냐에 따라 어떤 ‘주체’로 성장할 수 있는지를 봐야 해. 번호로 불릴 때는 자신을 비인격적 존재로 인식할 가능성이 있지만, 이름으로 불릴 때는 자기 이름을 조금은 소중히 여기고 책임질 줄 아는 주체가 될 수 있거든.

이금희 아나운서가 라디오 진행을 하면서 고수하는 독특한 말법이 있어. 보통 진행자들은 청취자의 사연이 담긴 문자 메시지를 소개할 때 간단히 '1234님'이라고 호칭해. 반면 이금희 아나운서는 '휴대전화 끝 번호 1234를 쓰시는 분'이라고 길게 소개하지. 그 이유를 이렇게 설명한 적이 있어.

"우리는 숫자가 아닙니다. 고유한 삶의 이력과 독자적인 정신세계를 이룬 구체적인 개인이죠. 결코 숫자로 호출될 수 없는."

9

시계

시계는 기계 그 이상이다

시간이 우리의 주인일까,
우리가 시간의 주인일까?

"인간은 시계에 의해 새롭게 정의되고
객체화·수량화돼야만 했다. 무엇보다
그들의 삶은 시계의 지배에 복종해야만 했다."

– 제러미 리프킨(경제학자, 1945~)

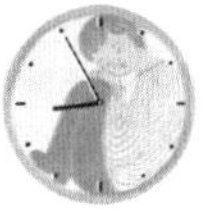

시계가 나를 보고 있다

인간이 만든 것 중에 인간을 지배하는 것들이 있어. 돈과 시계가 대표적이야. 우리는 돈을 벌려고 일하며, 돈을 버느라 인생을 허비하다, 결국 돈과 함께 생을 마감해. 돈에 대해선 긴 설명이 필요 없을 거야. 시계는 어떨까? 미국 역사학자 데이비드 랜즈(1924~)는 “시계가 인간사를 자연으로부터 떼어놓았다”라고 말했지. 시간은 오랫동안 자연의 일부였어. 시간은 낮과 밤의 전환, 계절의 변화, 생리적 현상에 따라 실감되었지. 그러던 시간이 이제는 자연에서 떨어져 나와 기계적으로 측정되고 있어. 우리는 시계를 통해서 시간을 경험하지.

아주 오래전에는 아침을 꼭두새벽, 어둑새벽, 찬새벽, 밝을녘 등으로, 저녁을 해거름, 해넘이, 어스름저녁 등으로 구분했어. 지금처럼 "몇 시 몇 분에 만나자"가 아니었지. 희곡 〈로미오와 줄리엣〉에도 "달이 나무에 걸릴 때 만나자"라는 대사가 나와. 그러다 어느새 시계가 삶의 중심에 자리 잡기 시작했어. 유럽의 오래된 도시 중심에는 반드시 명물 시계가 있어. 마치 그 시계를 중심에 놓고 도시를 세운 것처럼 시계가 도시 한가운데를 차지하고 있어. 시계는 탑 위에서 도시를 고고히 굽어보고 있는 듯해.

빅벤Big Ben은 영국 런던을 상징하는 건축물이야. 1858년에 지어진 커다란 시계탑이지. 19세기 지어진 건축물 중에는 대형 시계가 달린 건물이 많아. 산업혁명 이후 들어선 공장에 노동자들을 늦지 않게 출근시키기 위한 용도였지. 미국의 문명비평가 루이스 멈포드(1895~1990)는 《기술과 문명Technics and Civilization》에서 "정해진 시간에 울려 퍼지는 시계 종소리는 (…) 노동자와 상인들의 삶에 새로운 규칙성을

빅벤은 웨스트민스터 궁전 북쪽 끝에 있는 시계탑이다. 국회의사당으로 쓰이는 웨스트민스터 궁전은 세계 최초로 의회 민주주의를 발전시킨 영국의 상징이다.

부여했다. 이제 시계탑의 종소리가 모든 도시의 생활을 규제하게 됐다"라고 말했어.

1970년대와 1980년대에는 저녁 9시만 돼도 텔레비전에서 "어린이 여러분, 잠자리에 들 시간입니다" 하는 방송이 나왔어. 밤 10시에는 '사랑의 종'도 울렸지. 라디오에서 "청소년 여러분, 밤이 깊었습니다. 이제 여러분을 기다리는 가정으로 돌아갈 시간입니다. 어서 부모님과 가족들이 기다리는 집으로 돌아갑시다"라는 멘트가 흘러나오기도 했어. 생경하지? 국가가 청소년의 시간을 관리하고 통제했던 거야.

여전히 시계는 우리를 지배하고 있어. 대표적인 게 교실 안에 있는 시계 아닐까? 교실에는 어김없이 시계가 걸려 있어. 학교생활의 많은 부분이 시계에 의해 관리되며 통제되고 있지. 시간표와 종소리에 맞춰 한 치의 오차 없이 수업의 시작과 끝이 결정되니까. 교실을 내려다보는 시계는 우리의 시간과 행동을 관리하고 있음을 상징적으로 보여주지.

시계종이 만든 질서

1948년 발표돼 지금까지도 음악 교과서에 수록돼 있는 〈학교 종〉이라는 노래가 있어. 가사 속에서 학교 종은 시계의 역할을 하지. 수업이 시작됐음을 알리고 또 끝났음을 알리는 역할 말이야. 영어에서 시계를 뜻하는 'clock'은 본래 '종'을 뜻하는 중세 네덜란드어 'clocke'에서 왔다고 해. 초기 시계는 문자판이 없었고, 정시에 종만 울렸지. 시계는 원래 중세 수도원에서 비롯했어. 하루 일곱 번 기도 시간을 알려줄 장치가 필요했고, 그 결과 시간을 알려주는 종이 만들어졌지. 시계의 기원에서 알 수 있듯 시계는 처음부터 사람들의 행동을 일치시키기 위한 도구였어.

학교의 모든 일정은 시계의 지휘 아래 일사천리로 진행돼. 초등학교에 들어가기 전까지 우리는 어땠어? 그다지 일정표에 맞춰 생활하지도, 분초를 다투며 생활하지도 않았지. 갓난아이였을 때는 낮이든 밤이든 먹고 싶을 때 먹고, 자고 싶을 때 잤어. 생리적 욕구를 시간에 구애받지 않았지. 그런데 학교에 들어가는 순간부터 수업 시간, 쉬는 시간, 점심시간 등 각종 시간이 정해지고 그에 따라 생활해야 하잖아. 누구나 예외 없이 규칙을 지켜야 해. 학교는 시간, 규칙, 질서, 통제, 근면 등에 맞춰 학생들을 길들이거든.

교사 출신으로 《바보 만들기Dumbing us down》라는 책을 쓴 미국 작가 존 테일러 개토(1935~2018)는 "학교가 학생들을 바보로 만든다"라고 비판해. 요지는 학교가 학생들을 수동적으로 길들여 스스로 해나갈 힘을 빼앗는다는 거지. 그때 주로 활용되는 것이 촘촘히 짜인 시간표, 정해진 교과 과정과 진도, 반복되는 평가와 시험 등이야. 학교에선 할 수 있는 것과 할 수 없는 것, 갈 수 있는 곳과 갈 수 없는 곳 등이 시간의 관리를 통해 체계적으로 통제되지. 아무리 배가 고파도 식사 시간이 아니면 참아야 하고, 수업 시간에는 교실 밖으로 나갈 수 없어.

학교가 시간을 중시하는 이유가 뭘까? 철부지를 노동자로 변신시키기 위해서라고 할 수 있어. 학교에서 익힌 시간과 규율을 따르는 습관은 훗날 직장에 가서도 그대로 적용되거든. 근대 자본가들이 학교에 바랐던 것도 바로 그 점이었어. 학교는 효과적인 직업 훈련소였지. 미셸 푸코는《감시와 처벌》에서 감옥, 병원, 군대 등 근대에 확립된 사회·제도적 조직을 탐구하면서 이들 조직들이 공통적으로 '신체 그 자체, 수감자의 시간, 매일매일의 동작과 행동, 더 나아가 정신'을 관리의 대상으로 삼는다고 말했어. 학교는 신체와 시간을 관리함으로써 학생들을 마리오네트Marionette, 즉 근면한 노동자로 만드는 거야. 마리오네트를 조종하는 실이 바로 시계라 할 수 있지.

오늘날 현대인은 자신을 자연스럽게 시간과 규칙의 체계에 맞추며 살아가는 것 같아. 생각해봐. 너희가 초등학교 다닐 때

방학을 앞두고 가장 먼저 했던 일이 뭐야? 방학 시간표를 짜는 일이었지. 동그랗게 그린 원 안에 보여주기식 일과를 빽빽이 넣었을 거야.

로빈슨 크루소처럼 무인도에서 혼자 살아가는 게 아닌 이상 시계의 손아귀에서 벗어날 수 없어. 누구도 예외일 수 없지. 그런 의미에서 시간은 옷과 같아. 사회에서 살아가려면 옷을 입어야 하는 것처럼, 시간이라는 질서와 규칙을 입고 살아야 해. 시간은 시침과 분침처럼 날카로운 선으로 존재해. 현대인은 속도와 능률을 중시하는 문명 속에서 그 날카로운 선에 베이지 않기 위해 바쁘게 살아가지. 그런 관점에서 보면 손목시계는 수갑 같고, 벽시계는 CCTV(폐쇄 회로 텔레비전) 같지 않니?

시간이 금이라고?

반 고흐의 그림 중 〈비 온 뒤 오베르의 풍경〉을 본 적 있니? 그 그림을 자세히 보면 기차가 상징하는 근대의 시간과 마차가 상징하는 전근대의 시간이 서로 다른 방향을 향해 가고 있어. 근대의 시간은 기차처럼 맹렬히 질주하지만, 전근대의 시간은 마차처럼 느리게 흐르지.

일본 철학자 이마무라 히토시(1942~2007)는《근대성의 구조近代性の　みへ構造》에서 '시계가 없었다면 근대도 없었다'며 시계의 발명이 근대 도시의 탄생과 뗄 수 없는 관계라고 강조하지. 시계는 단순히 기계가 아냐. 근대적 삶의 질서이자 양식이지. 루이스 멈포드도 '근대적 산업 시대를 추동한 핵심 기계는 증기기관이 아니라 시계라고 말할 수 있다'며 비슷한 말을 했어.

정시定時, 즉 정해진 시간과 한 치도 어긋남 없는 약속은 근대적 세계를 상징하는 대표적인 모습 아닐까? 시계와 근대의 관계는 결코 과장이 아냐.

천만 명이 살아가는 서울이라는 거대 도시는 어떻게 움직일까? 도시를 움직이게 하는 여러 조건이 있어. 예컨대 전기, 수도, 상하수도 같은 모세혈관이 없다면 도시는 기능을 멈추고 말 거야. 시계 역시 마찬가지로 기능해. 우리의 시간이 모두 일치하지 않는다면 사회 전체가 수습 불가능한 혼돈 상태로 붕괴할지도 몰라. 약속은 깨지고 지하철 운행은 큰 혼란을 겪겠지.

미국의 철도가 가장 발달한 시기는 남북전쟁이 끝난 이후라고 해. 산업이 발달하려면 교통수단이 확보돼야 했겠지? 자동차가 상용화되고 도로가 정비되기 전까지 철도는 육로의 대량 수송에서 절대적인 부분을 차지했어. 원활한 철도 운영은 시간의 통일을 전제로 하지. 운행 시간표가 뒤죽박죽된다면 기

빈센트 반 고흐(1853~1890), 〈비 온 뒤 오베르의 풍경〉(1890). 소재지 미상.

차가 충돌할 수도 있으니까 말이야. 1883년 표준 시간이 도입되면서 미국의 철도는 비약적으로 발전하기 시작했어. 영국 사회학자 에릭 홉스봄(1917~2012)이 쓴 《자본의 시대The age of capital》의 의하면, 이후 '세계는 철도와 증기기관으로 연결되고 묶이는 단일체'로 거듭났지.

시간은 근대 이후에 왜 중요해진 걸까? 그것은 시간이 '노동하는 세계의 질서'이기 때문이야. 공장은 여러 사람들이 동시에 일을 시작해야만 움직일 수 있는 분업 시스템으로 돌아가는데, 한 명이라도 빠지면 이가 빠진 톱니바퀴처럼 맞물려 돌아가지 않아. 농사를 주로 짓던 시절에는 시계가 그리 중요하지 않았지. 대신 달력이 중요했어. 씨를 뿌리고 김을 매고 곡식을 거두는 일이 계절에 따라 과제 중심으로 구분됐기 때문이야. 그런데 공장은 어때? 계절과 큰 관계없이 시계에 의해 정해진 시간에 맞춰 돌아가. '근대적 시간'은 노동과 가장 밀접하게 맞닿아 있어.

시간이 중요한 또 다른 이유는 시간이 '임금의 척도'이기 때문이야. 노동자에게 임금을 지급할 때 노동 시간을 따져서 주지. 노동자는 약속한 시간만큼 일하고, 근무 시간을 넘겼을 때는 초과 근무 수당을 받지. '시간이 돈'이라는 미국 정치자이자 과학자 벤저민 프랭클린(1706~1790)의 유명한 격언은 근대적 시간의 경제성을 상징해.

나아가 기업의 이윤은 노동에서 나오는데, 노동을 최대한 쥐어짜는 데에도 시간이 중요하지. 노동자가 노동하는 시간만큼 기업이 이익을 낼 수 있거든. 기업은 노동자에게 주는 임금보다 더 많은 일을 시켜서 이윤을 만들어내. 받는 임금보다 더 많이 일하는 걸 '잉여노동'이라 부르는데, 잉여노동 시간이 바로 '이윤'이 되지. 이를 비판하는 쪽에서는 '착취'라고 불러. 이윤이라 부르든, 착취라 부르든, 어쨌든 형식상으로 보면 노동 계약에 따라 진행되는 합법적인 거래야. 일하는 시간에 따라 얼마씩 임금을 받기로 미리 계약하고 일하는 거니까.

그러나 일부에서는 온갖 편법이 등장하고 있어. 분명 일을 했음에도 손님이 없었던 시간을 제외한 시급만 주기도 하고, 서류상 노동 시간을 교묘하게 줄여 소위 '임금 꺾기'를 시도하기도 하지. 한 방울의 물이라도 더 얻어내려고 물기 하나 없는 마른 수건을 쥐어짜는 꼴이야.

시간은 모든 사람에게 공평하게 주어져. 누구나 제한된 시간 속에서 삶을 영위해. 그런데 자본은 노동자에게서 그 제한된 시간을 빼앗지. 자본은 '시간 좀비'야. 다른 이의 살아 있는 시간을 먹고살거든. 자본은 자기 증식의 욕망, 즉 더 많은 이윤을 얻어서 자기를 확장하려는 욕망에 따라 노동자의 시간을 야금야금 갉아먹어.

아직 오지 않은 시간의 대가

찰리 채플린(1889~1977)의 〈모던 타임스〉(1936)는 근대적 시간과 속도의 폭력성을 잘 보여주는 영화야. 영화의 첫 장면에는 대형 시계가 등장해. 여기서 시계는 바로 근대의 시간, 즉 기계에 종속된 노동자의 시간을 상징해. 더 의미심장한 건 그

다음이야. 양 떼가 등장하고 이어진 장면에서는 한 무리의 노동자들이 정신없이 출근하는 모습을 보여주는데, 당시 자본가들이 노동자들을 양 떼와 다름없이 생각한다는 걸 알 수 있는 대목이지.

영화 속 공장은 인간을 고유한 리듬에서 떼어내 기계적 리듬에 종속시켜. 주인공은 조립 라인에서 나사를 조이는 일을 해. 컨베이어 벨트가 움직이는 속도에 맞춰 나사를 조여야 하지. 조금만 방심하면 전체 공정은 엉망이 되기 때문에 한시도 쉬지 못한 채 정신없이 나사를 조여야만 해. 얼마나 반복했던지 작업대를 벗어나도 손은 나사를 조이는 동작을 계속하고 있어. 급기야 주인공은 지나가는 여성의 옷에 달린 커다란 단추를 너트로 착각한 나머지 조이려고 달려들지. 인간의 몸이 기계의 속도와 리듬에 종속되는 상황을 코믹하지만 신랄하게 보여주는 장면이야.

앞서 반 고흐의 그림처럼 현대인의 삶은 기차의 속도로 흘러가. 현대인은 컨베이어 벨트 위에서 정해진 시간표에 따라 일정을 소화하지. 시곗바늘은 어느새 우리를 쿡쿡 찌르는 진짜 바늘이 됐어. 얼른 일어나라고, 어서 공부하라고, 빨리 밥 먹으라고, 금방 씻고 자라고 우리를 채근하거든.

우리나라 노동자들의 노동 시간은 매우 긴 편이야. 〈OECD

2017 고용 전망 보고서〉에 따르면 독일(1,363시간)의 연간 노동 시간이 가장 짧고 한국(2,069시간)은 멕시코(2,255시간), 코스타리카(2,212시간)에 이어 조사 대상 38개국 중 세 번째로 노동 시간이 길어. 한국의 노동자들은 독일 노동자들보다 1년에 네 달을 더 일하고 있는 거야. 똑같이 주어진 12개월이라는 시간 동안 4개월이나 더 일한다는 게 말이 되는 걸까? 그런데 우리는 실제로 그렇게 살고 있어.

한국 노동자들은 중세 유럽의 농노보다 더 오래 일해. 제임스 로저스(1823~1890) 옥스퍼드대 교수에 따르면 농노의 하루 노동 시간은 8시간을 넘기지 않았으며, 줄리엣 스코어(1955~) 보스턴대 교수의 추정에 따르면 13세기 영국 농노의 연간 노동 일수는 150일을 넘지 않았지. 그래서 영국 경제학자 그레고리 클라크(1957~)는 연간 영국 농노의 노동 시간을 약 1,620시간으로 추정했어. 한국인이 중세의 농노보다 400시간을 더 일하는 셈이야. 하루 8시간 노동, 주 5일로 계산하면 한국인은 중세 농노보다 1년에 3개월을 더 일하는 거지.

'칼퇴'라는 말이 있어. 퇴근 시간에 조금도 지체 없이 '칼같이 퇴근한다'는 의미야. 정시에 퇴근하려면 회사의 눈치를 봐야 해. 법정 노동 시간을 지키는 게 당연한 권리로 받아들여지지 않다 보니, 칼퇴하는 사람은 회사에 대한 애사심이 부족한 사람, 개인주의자, 이기주의자로 낙인찍히기도 해. 더 오래 일하는 것, 주어진 것보다 더 많이 일하는 게 정상인 듯 이야기하지.

2014년 11월, 고용노동부 산하 기관인 한국고용정보원이 미국 레비경제학연구소와 2013년 3월부터 12월까지 공동 조사한 결과를 바탕으로 '소득과 시간 빈곤 계층을 위한 고용 복지 정책 수립 방안'을 발표했어. 이에 따르면 한국의 전체 노동 인구 중 42퍼센트가 '시간 빈곤' 상태에 처해 있고, 그 수가 930만 명에 달한다고 해. 시간이 부족하다고 느끼는 사람들 중 상당수는 "바쁘지 않으면 불안감, 심지어 죄책감을 느낀다"라고 말할 정도였어. 대다수의 직장인들은 자신을 '타임 푸어time poor'로 인식하고 있단 이야기야.

일주일은 총 168시간이야. 이 중 먹고 자는 것처럼 생존에 꼭 필요한 시간은 90시간 정도야. 그럼 78시간이 남겠지? 그런데 OECD 국가 중에서 우리나라는 가장 오랜 시간 일하고, 출퇴근에 가장 많은 시간을 쓰지. 여기에 집안일이나 육아 등에 하루 1시간만 쓴다고 해도 78시간이 모자랄 거야. 결국은 생존에 꼭 필요한 시간을 줄일 수밖에 없어. 늘 잠이 부족하고 아침 식사를 거르는 생활이 반복되는 이유야. 대한민국 노동 인구의 42퍼센트가 이런 '시간 빈곤'에 허덕이는 거지.

좋은 직장을 얻기 위해, 승진하기 위해, 안정적 노후를 위해 모두 오늘을 희생해. 오늘의 희생은 내일의 행복을 가져다줄까? 프랑스 소설가 알베르 카뮈(1913~1960)는 《시지프 신화Le Mythe de Sisyphe》에서 이렇게 말했어.

> 광채 없는 삶의 하루하루에 있어서는 시간이 우리를 떠메고 간다. 그러나 언젠가는 우리가 이 시간을 떠메고 가야 할 때가 오게 마련이다. '내일', '나중에', '네가 출세를 하게 되면', '나이가 들면 너도 알게 돼' 하며 우리는 미래를 내다보고 살고 있다. 이런 모순된 태도는 참 기가 찰 일이다. 미래란 결국 죽음에 이르는 것이니 말이다.

우리 삶은 오늘의 연속이 아닐까? 오늘이 3만 번쯤 모이면 일생이 되지. 일생은 그렇게 끝을 향해가는 것이고. 미래는 언제나 아직 오지 않은 시간이야. 그 언젠가를 위해 오늘의 행복을 희생하면, 내일도 행복하기 어려워.

시간의 주인이 되려면

시계의 지배는 어디까지나 근대의 산물이야. 아일랜드 화학자 로버트 보일(1627~1691)은 "자연은 진기한 시계와 같다"라고 말했어. 그의 말처럼 시계는 근대인의 마음속에 자연의 질서를 이해하는 표준적 모델로 자리 잡았지. 시계가 내재된 규칙에 따라 빈틈없이 작동하듯, 자연도 신이 만들어놓은 수학적 질서에 따라 한 치의 오차도 없이 운행한다고 생각했어. 이를 '기계적 세계관'이라고 부르지.

인간은 시간과 공간을 정복하려고 부단히 노력해왔어. 기술 발전의 역사는 어떻게 보면 시공간의 정복사라고 할 수 있어. 가령 의학 발전은 인간이 시간과 벌인 싸움의 과정이야. 더 건강하게 오래 살고자 하는 욕망이 의학을 발전시켜왔거든. 동안이 선망의 대상이 된다거나 주름 개선 등 각종 미용 시술이 유행하는 것도 시간을 극복하려는 욕망의 발현이야. 의학은 죽음과의 전쟁에서 매번 무릎을 꿇었지만, 몇몇 전투에서는 작은 승리를 거뒀어. 덕분에 반세기 전까지만 해도 인류의 절반은 사춘기도 넘기지 못한 채 죽었지만 인간의 수명은 이제 백세를 넘보고 있지.

그렇다고 우리가 시간을 정복했다고 말할 수 있을까? 정복하기는커녕 정복당하며 살아가는 건 아닐까? 우리가 시간의 주인일까, 시간이 우리의 주인일까? 인간은 시계를 소유하고, 시간은 인간을 지배하지. 시간이 옷과 같다고 했지? 그런데 그 옷은 우리를 자유롭게 하는 게 아니라 옥죄고 있어. 거미줄에 걸린 벌레처럼 모두가 시간에 포위돼 있거든. 그런 의미에서 시간은 시간표와 일정표라는 거미줄로 짠 구속복과도 같아.

"만약 정해진 시간 안에 일을 끝내지 못하면, 우리의 주인인 시계가 당신들의 밥줄을 끊어놓을 겁니다."

무인도에 갇힌 한 남자의 사투를 그린 영화 〈캐스트 어웨이〉(2000)에 나오는 대사야. 영화에서 회사 관리자로 분한 톰 행크스가 무인도에 낙오되기 전에 시계를 가리키며 직원들에게 한 말이지. 시간이 우리의 주인인 셈이야. 그렇다면 우리는 시간의 주인이 될 수 없을까? 독일 작가 미하엘 엔데(1929~1995)가 쓴 동화소설 《모모Momo》에 "빛을 보기 위해 눈이 있고 소리를 듣기 위해 귀가 있듯이 너희들은 시간을 느끼기 위해 가슴을 갖고 있단다"라는 말이 나와. 가슴으로 시간을 느낀다면 시간의 주인이 될 수 있지 않을까?

시간의 주인으로 살려면 자기 시간이 있어야겠지. 시간 자체가 없는데 시간의 주인이 된다는 건 말이 안 될 거야. 독일의 중등교육기관인 김나지움Gymnasium(중학교 저학년 과정) 7학년 아이들은 점심시간 없이 1시 30분에서 45분 사이에 하교한다고 해. 7학년 이상의 아이들은 주 3일은 1시 30분에서 45분 사이에 하교하고, 주 2일은 2시 30분에서 45분 사이에 하교해. 집에서 하는 숙제 시간도 주 교육청 법이나 규정으로 정해두고 있어. 고학년이라도 최대 75분이야. 독일의 시간 관리 시스템은 우리에게 시사하는 바가 커. 우리도 독일처럼, 아무것도 정해지지 않은 자기 시간을 많이 갖도록 하면 어떨까? 그래야 자기 시간을 스스로 결정하는 주인이 될 수 있을 테니까. 그러려면 많은 것이 바뀌어야 할 거야. 무엇보다 많은 시간을 공부와 노동에 집중하지 않고서는 행복해지지 않을 것 같은 불안감에서 벗어나는 게 먼저겠지.

10

태극기

애국이 애국을 죽인다

"반대는 가장 고귀한 형태의 애국이다."

– 하워드 진(사회운동가, 1922~2010)

'당당한' 태극기 앞에 서서

영화 〈국제시장〉(2014)에서 다툼을 벌이던 주인공 덕수와 영자는 애국가가 울려 퍼지자 잠시 싸움을 멈추고 '국기에 대한 경례'를 해. 예전엔 학교와 동사무소를 비롯한 공공기관은 물론이고 큰 기업체 등에서도 매일 저녁 국기 하강식이 거행됐어. 애국가가 울려 퍼지면 모두가 국기 게양대를 향해 가슴에 손을 얹고 부동자세로 서 있어야 했지. 아이든 어른이든 하던 일을 멈추고 얼음땡 놀이를 하듯 가만히 서 있었어. 얼어붙은 펭귄들처럼 말이야.

태극기는 게양대에 높다랗게 걸려 있어. 높다란 곳에서 펄럭이는 태극기는 모든 곳을 굽어보고 모든 사람을 불러 세우겠다는 듯이 당당한 모습이야. 태극기를 향해 가슴에 손을 얹고 애국가를 함께 부르는 의례 속에서 국가는 우리를 국민으로 호명하지. 개인이 국민으로 바뀌는 거야. 그것은 소리가 없지만 아주 커다란 부름이야.

학교에도 태극기가 걸려 있어. 건물에도 있고, 교실에도 급훈과 함께 칠판 위에서 학생들을 내려다보지. 사실 요즘엔 간혹 교실에 태극기가 없는 경우도 있는데 예전엔 어김없이 태극기가 있었어. 현직 대통령의 사진까지 걸려 있던 때도 있었지. 교실에 대통령 사진을 걸어놓은 이유가 뭐였을까? 학생들에게도 무조건적 애국과 충성을 강요하는 의미가 강했어. 그리고 그 충성의 대상은 국가인 동시에 대통령이었다고 할 수 있지. 국가에 대한 충성도 따져볼 문제지만, 백 번 양보해서 그렇다 쳐도 대통령에 대한 충성은 지나쳐 보이지.

영국 소설가 조지 오웰(1903~1950)의 《1984》에 보면 '텔레스크린'이라는 장치가 나와. 화면과 카메라가 함께 달린 텔레스크린으로 시민들을 감시하는 동시에 국가 정책을 홍보하지. 또 영국 소설가 올더스 헉슬리(1894~1963)의 《멋진 신세계Brave New World》에서는 '소마'라는 알약으로 시민들을 세뇌하지. 소설에는 '1세제곱센티미터의 소마가 열 가지 우울증을 치료'한다는 내용이 나와. 《1984》는 몸을 통제해 마음을 조종하려는 나라를, 《멋진 신세계》는 마음을 조종해 몸을 통제하려는 나라를 그리고 있어. 교실에 태극기가 걸린 학교는 《1984》에 가까울까, 《멋진 신세계》에 가까울까?

역사적 사명을 띠고 태어났다고?

근대 교육 제도는 1819년 프로이센에서 시작됐어. 아이들이 1년 내내 교실에 모여 공부한다는 것은 그전까지 상상하기 어려웠지. 프로이센이 정초한 근대 교육의 목적은 분명했어. 한마디로, 국가가 필요로 하는 일꾼을 길러내는 거였지. 쉽게 말해 국가에 복종하는 국민, 군대에 충성하는 군인, 기업에 순종하는 노동자를 양성하는 데 목적이 있었어. 학교는 학생을 위한 곳이 아니었어. 학교는 기원부터 '통치 집단을 위한, 통치 집단에 의한' 기관이었지. 페스탈로치가 "학교의 기능이 교육의 목적이 되어서는 안 된다"라고 말한 이유가 바로 여기에 있어.

박정희 시대 때 애국 조회 시간에는 '국민교육헌장'을 낭독했었어. 국민 윤리의 기둥이며 국민 교화의 지표로 불렸던 국민교육헌장은 "우리는 민족중흥의 역사적 사명을 띠고 이 땅에 태어났다"라고 시작해. 길게 이어지는 문장은 이렇게 끝맺지.

"나라의 융성이 나의 발전의 근본임을 깨달아, 자유와 권리에 따르는 책임과 의무를 다하며, 스스로 국가 건설에 참여하고 봉사하는 국민정신을 드높인다."

1968년 제정된 국민교육헌장은 1993년까지 모든 교과서의 앞머리에 실렸지. 마치 교과서의 핵심이라도 되는 것처럼 말이야. 국민교육헌장은 국가에 대한 충성을 다짐하는 '약속' 같은 것이었어. 모두 393자로 이루어진 긴 약속을 교사들은 학생들이 한 글자도 틀리지 않고 외우도록 독려했지. 국민교육헌장의 암기 대상은 학생만이 아니었어. 대학 입시, 각종 국가고시, 심지어 기업 입사 시험에도 관련 문제가 출제되었어.

국민교육헌장에는 민족주의와 국가주의 이념이 짙게 배어 있어. 첫 문장에 등장하는 '민족중흥'부터 그렇지. 헌장 곳곳에는 '공익과 질서를 앞세우며', '우리의 창의와 협력을 바탕으로 나라가 발전하며', '나라의 융성이 나의 발전의 근본임을 깨달아' 같은 식의 국가주의 이념이 가득 깃들어 있어. 개인보다 국가를 우선시했던 거야. 이는 교육부의 전신인 문교부가 발행한 《문교 40년사》에도 분명히 언급돼 있지. "국민의 정신 혁명을 교육을 통하여 이룩하고자 하는 데에서 국민교육헌장의 제정은 실현된 것이었고, 그것은 교육 이념에 있어 민족주의, 국가주의 이념을 더욱 부각시키고자 하는 것이었다"라고 말이야.

너희가 이 세상에 태어난 이유가 뭘까? 물론 너희는 부모님이 사랑해서 맺어진 결실이야. 지금 묻고자 하는 건 생물학적 원인 말고 존재의 이유에 대해서야. 쉽게 말해, 너희는 무엇을 위해 살아가지? 아직까지 깊이 생각해본 적이 거의 없을 거야. 그런 사람들에게 국가가 답을 알려준 셈이지. '민족중흥의 역사적 사명'이 네가 살아갈 이유라고 말이야. 지금의 너희가 듣는다면 아마도 "헐!" 하지 않겠어?

사르트르는 "실존은 본질에 앞선다"라고 말했어. 지금 우리 얘기로 이해하자면, 국가가 정해준 나의 본질 '민족중흥'이 먼저 있어 내가 존재하는 게 아니라는 뜻이야. 오히려 내가 먼저 존재하고, 나의 본질이 그 뒤에 확립되지. 그러니까 내가 어떻게 살아가느냐에 따라 나의 본질이 결정되는 거야. 여기 의자가 있다고 가정해볼까? 의자가 만들어지기 이전에 우선 의자의 본질이 존재하지. 사람이 앉을 수 있는 형태를 가진 도구라는 본질이 먼저 있고, 이 본질을 구현具顯한 결과물로써 의자가 만들어진 거야. 구현이라는 단어를 잘 봐. 추상적인 본질이 '구체적인 형태로 나타난다'는 의미야.

그러나 사람은 사물이나 자연과 정반대지. 의자처럼 이미 정해진 답에 따라 살아가는 사람은 없거든. 나무의 존재 이유는 열매인지도 모르지만 인간의 존재 이유는 열매가 아냐. 인간에게 열매란, 설정된 본질이나 목적이 아니라 잘 살다 보면 따라오는 결과일 뿐이야. 다시 말해, 열매를 위해 사는 게 아니라 살다 보니 열매가 맺히는 거지. 마찬가지로 정해진 용도를 위해서 너희가 있는 게 아냐. 중요한 것은, 내가 여기에 존재(실존)한다는 사실 그 자체지.

'나'라는 존재는 내 선택으로 만들어지는 거야. 그래서 사르트르는 '행동과 책임'을 강조했어. 내가 무엇이 될지는 미리 정해져 있지 않아. 나라는 존재는 오직 나 자신의 결정과 행동으로 완성되는 거야.

국기에 대한 맹세를 강요하는 나라

'국기에 대한 맹세'도 비슷해. 마치 너희가 존재하기 전부터 너희의 본질이 결정돼 있다는 식이지. 그 얘기를 하기 전에 2003년 한 정치인이 했던 발언을 볼까?

"국기에 대한 맹세는 파시즘과 일제의 잔재다."

그는 몇몇 보수적인 언론으로부터 뭇매를 맞았어. 너희들 중에도 국기에 대한 맹세를 '일본 제국주의'와 비교했으니 비판받아도 싸다고 하는 사람이 있을지도 몰라. 국기에 대한 맹세는 정말 파시즘의 잔재일까?

먼저 국기에 대한 맹세를 할 때 흘러나오는 멘트를 살펴보자.

"나는 자랑스러운 태극기 앞에 조국과 민족의 무궁한 영광을 위하여 몸과 마음을 바쳐 충성을 다할 것을 굳게 다짐합니다."

1972년부터 2006년까지 유지된 맹세야. 그럼 이제, 일본인들이 과거에 외웠고 일제강점기 때 조선인에게 강요했던 '황국신민皇國臣民의 서사誓詞'와 비교해보자.

1. 우리들은 대일본제국의 신민臣民입니다.
2. 우리들은 마음을 합하여 천황 폐하에게 충의를 다합니다.
3. 우리들은 인고단련忍苦鍛鍊하고 훌륭하고 강한 국민이 되겠습니다.

어때? 상당히 비슷하지 않아? '마음을 ~하여 ~에게(를 위해) 충성(충의)을 다한다'에서 보듯이 두 문장의 구조가 매우 유사하지. 황국신민의 서사는 국기에 대한 맹세와 연결돼 있어. 일제강점기 '황국신민의 서사'는 이후 이승만 정부가 제정한 '우리의 맹세'에 계승되지. 사실 애국 조회, 수학여행, 교문 지도, 두발 검사, 반장과 주번 등 학교에서 하는 많은 것들이 일제강점기 때 뿌리내렸고 지금도 여전히 시행되고 있어. '우리의 맹세'는 다음과 같아.

첫째, 우리는 대한민국의 아들딸, 죽음으로써 나라를 지키자.

둘째, 우리는 강철같이 단결하여 공산 침략자를 쳐부수자.

셋째, 우리는 백두산 영봉에 태극기 휘날리고 남북통일을 완수하자.

'우리의 맹세' 역시 개인은 없고 국가만 있어. 국민은 조국에 죽음을 불사하면서 충성해야 하지. 국가나 민족에 충성하는 일이 무조건 나쁘다는 말이 아냐. 다만 국기에 대한 맹세를 강요하는 것, 나아가 충성을 강요하는 것에는 문제가 있다는 말이지. 미국에도 '우리의 맹세'와 비슷한 것이 있어. '국기에 대한 맹세The Pledge of Allegiance'야. 미국의 공립 초등학교에서는 아침마다 이 맹세를 외운다고 해.

"나는 모든 이에게 자유롭고 정의로우며, 하나님의 보호 아래 나누어질 수 없는 하나의 나라인 미국의 국기와 그 국기가 상징하는 국가에 충성을 맹세합니다."

자유주의 국가인 미국에서 이런 맹세를 하는 건 다민족 국가라는 특수성이 있기 때문일 거야. 인종과 민족이 다른 사회 구성원들을 하나로 결집하기 위해서 말이지.

미국을 제외하면 이와 같은 맹세는 거의 찾아보기 어려워. 사실 미국 대법원은 이미 1943년 판례에서 '국기에 대한 맹세'

를 강요해선 안 된다고 판결했어. '국기에 대한 맹세'가 엄연히 존재하지만 개인의 자유를 억누르면서까지 이를 강요할 수는 없다는 판결이었지. 하지만 여전히 미국의 초등학교 교실은 매일 이 맹세 외우기로 하루를 시작해. 2019년에는 열한 살 소년이 이를 거부했다가 경찰관에게 체포돼 논란이 일었지. 과거 우리나라도 국기에 대한 맹세를 거부한 교사들이 징계를 받은 적이 있었어.

국기에 대한 맹세는 한 세대를 통과하여 2007년 "나는 자랑스러운 태극기 앞에 자유롭고 정의로운 대한민국의 무궁한 영광을 위하여 충성을 다할 것을 굳게 다짐합니다"로 바뀌지. '자유롭고 정의로운 대한민국'에서 얼핏 미국의 흔적이 보이지 않아? 미국의 맹세문에도 같은 표현이 있잖아. 그리고 '몸과 마음을 바쳐'가 다소 무겁게 느껴졌던지 바뀐 맹세문에선 사라졌어. 하지만 여전히 '충성을 맹세'한다고 하지.

이렇게 해서 국가가 만들려고 하는 국민은 어떤 국민일까? 국가의 말을 곧이듣는 국민이겠지. 자기 목소리를 내기보다는 그저 사회에 순응하는 국민이겠지. 니체는《차라투스트라는 이렇게 말했다Also sprach Zarathustra》에서 "좋은 사람, 나쁜 사람 가리지 않고 모든 백성이 자신을 상실하게 되는 곳, 그곳을 나는 국가라고 부른다"라고 말했어.

진짜 애국심이란 무엇일까

국가에 충성을 다짐하고 최고 책임자의 훈화를 듣는 시간, 바로 애국 조회 시간이야. 매주 월요일마다 운동장에 모인 전교생은 앞과 옆을 두리번거리며 칼같이 줄 맞춰 섰지. 그리고 모두 정렬하면 국기에 대한 맹세, 애국가 제창, 교장 선생님 훈화, 국민체조, 교가 제창으로 이어졌어. 이런 행사를 학기 내내 월요일마다 반복했지.

전처럼 운동장에 모여서 하는 건 아니지만, 여전히 많은 학교에서 월요일마다 혹은 한 달에 한 번씩 애국 조회를 해. 심지어 유치원에서도. 조회면 조회지 애국 조회라니? 조회를 하면서까지 '애국'을 강조하는 건 어딘가 촌스러워. 마치 당연히 갖춰 입어야 할 속옷을 입었다고 자랑하는 것 같거든. 시인 문정희는 〈배꼽나라〉에서 이렇게 이야기했어.

> 애국심은 팬티와 같아서 누구나 입고 있지만 나 팬티 입었다고 말하지 않는 법.

그렇다면 '애국'은 어떤 모습이어야 할까? 일제강점기, 두 개의 국가가 있었어. 한쪽은 강한 군사력으로 서구 열강에 맞서 동아시아를 지켜내겠다는 쪽. 그들은 자신들의 침략전쟁을 동아시아를 지킨다는 명분으로 '대동아전쟁'이라 이름했지. 다른 한쪽은 그 침략에 희생되고 식민지로 전락해야 했던 쪽. 이들은 식민지 핍박을 받고 독립을 위해 맞서 싸웠지. 자, 대동아전쟁을 일으킨 국가의 국민들은 그게 나라를 위한 일이라고 믿었겠지. 반대쪽에서 독립투쟁에 나섰던 이들도 마찬가지였을 거고. 둘 다 자기 나라를 걱정하고 사랑한 '애국자'들이었음에 틀림없어.

여기서 우리는 '애국'에 대해서 다시 생각해보게 돼. 국가를 망치는 애국과 국가를 살리는 애국이 있다고 볼 수 있어. 사랑에도 사람을 살리는 사랑과 사람을 죽이는 사랑이 있듯이 말이야. 어떤 애국이 정말로 조국에 이로운 걸까? 우리는 어떤 애국심을 가져야 할까? 상대를 괴롭히고 심지어 죽이기까지 하는 스토커의 사랑을 사랑이라고 부를 수 없다면, 다른 국가를 망치고 파괴하는 애국심도 진정한 애국심이라 부르기 어렵겠지.

학교는 애국을 어떻게 가르쳐야 할까? 먼저 국가가 시킨다고 무조건 복종하는 게 진정한 애국은 아니라고 가르쳐야겠지. 5·18 광주민주화운동 때 시민들을 학살한 군인들은 국가의 명령에 복종했어. 유대인을 비롯한 수백만 명을 죽인 독일의 나치 병사들 역시 국가의 명령에 복종했지. 어쩌면 극진한 애국심으로 자기에게 주어진 임무를 수행했을지도 몰라.

"나는 애국자이고, 다시 그런 상황이 닥쳐도 똑같은 일을 할 것이다."

이근안이 2010년 인터뷰에서 했던 말이야. 이근안은 전두환 정권에서 수많은 사람을 고문한 소위 '고문 기술자'였어. 1970년대 후반부터 군사 정권의 힘이 약해지기 시작한 1988년까지 공안 분야 수사를 담당하며 수많은 야당 인사와 학생 운동가를 가혹하게 고문했지. 이근안은 진짜로 자신을 애국자라고 믿은 걸까? 설사 그에게 애국심이 있었다 해도, 그것은 도덕성과 인간성을 상실한 비뚤어진 애국심일 거야. 프랑스 사상가 장 자크 루소(1712~1778)는 '애국심과 인간성은 양립하기 힘든 두 개의 덕'이라고 했어.

"이 기상과 이 맘으로 충성을 다하여 괴로우나 즐거우나 나라 사랑하세"라는 애국가 4절의 가사처럼 국민은 괴롭든 즐겁든 한결같이 나라를 사랑해야 하는 걸까? 그러나 억지로 시킨다고 사랑하는 마음이 생기는 건 아니지. 사랑을 강요하는 스토커가 사랑을 얻지 못하는 것처럼, 애국을 강요하는 국가도 사랑받긴 어렵지. 진정한 사랑은 강제가 아닌 자율 속에서 생겨나는 법이니까.

강요에 의한 애국, 국가만 있고 개인은 없는 애국은 맹목적일뿐더러 허약하지. 그런 애국은 언제든 악으로 물들기 쉽거든. 스스로 정립한 애국심, 내적 성찰을 거친 애국심이 선하고 정의로울 수 있어. 그런 애국심은 반대를 해야 할 때 '반대'할 줄 알지. 역사학자이자 사회운동가인 하워드 진은 이렇게 말했어.

"반대는 가장 고귀한 형태의 애국이다."

학교가 가르쳐야 할 애국도 그런 게 아닐까?

국기 경례 유감

국가를 상징하는 국기와 국가 안에서 살고 있는 시민은 평등한 관계로 만나고 있을까? 현실은 그렇지 않은 것 같아. 역사학자 임지현이 쓴《오만과 편견》에서 소개한 사례를 한번 살펴볼까? 한 건축가가 구립도서관을 설계하면서 국기봉을 주차장 옆에 배치했대. 건축가가 보기엔 건물 정중앙에 버티고 서 있는 국기봉은 건물의 미관을 망치는 요소였거든. 그런데 나중에 보니까 주차장 옆이 아니라 건물의 전면에 국기봉이 설치돼 있었어. 건축가의 허락이나 양해도 없이 담당 공무원이 국기봉의 위치를 마음대로 옮겨놓은 결과였지.

지금까지 관공서의 건축은 늘 그런 식이 아니었을까? 설계도를 무시하고 건축물의 미관을 해치면서까지 태극기를 정중앙에 배치하는 관행은 시민을 지배하고 시민 위에 군림하려는 욕망에서 나온 걸 거야. 이 대목에서 우리는 국가와 시민의 관계를 근본적으로 생각해볼 필요가 있어. 국가가 국민에게 '몸과 마음을 바쳐 충성을 다할 것을', 다시 말해 국가에 대한 충성과 희생만을 국민에게 맹목적으로 요구하지는 않는지 말이야.

국가가 시민을 억압하고 지배하는 수직적 관계가 아니라 시민을 보호하고 존중하는 수평적 관계라면, 국가를 상징하는 국기와 시민의 관계도 좀 더 유연해지지 않을까? 국가와 시민이 평등하게 만난다면 국가를 상징하는 국기가 굳이 건물 정중앙에 있을 이유는 없지. 중심과 주변을 나누는 정중앙은 평등한 관계와 거리가 머니까. 그런 사회에서는 국기 게양대를 무조건 중앙에 배치해야 한다고 고집부리지 않겠지.

나아가 '국기에 대한 경례'에 대해서도 생각해볼 수 있어. 국가는 시민의 주인이 아니야. 국가는 시민을 보호하는 울타리지. 시민 개개인의 삶에 지대한 영향을 미치는 매우 큰 울타리인 거야. 시민은 큰 울타리의 주인인데, 주인이 울타리를 향해 절을 하는 게 맞을까? '국기에 대한 경례'를 아예 없애자는 말이 아니라 강제하지 말자는 말이야. 양심의 자유에 따라 경례하기를 원치 않는 사람이 있다면 자유롭게 내버려두어야 해.

다만 국가 공식 행사에서 정치인이나 공무원 등이 '국기에 대한 경례'를 하는 것은 달리 볼 수 있어. 정치인은 주권자의 심복心腹, 쉽게 말해 심부름꾼이니까. 경찰을 흔히 '민중의 지팡이'라고 부르는 것처럼 말이야. 그들이 경례하는 대상은 국기나 그것이 상징하는 국가라기보다 국기가 받드는 시민 전체로 봐야겠지.

우리가 맹세해야 할 대상을 굳이 정해야 한다면 태극기가 아니라 헌법이 되어야 하지 않을까? 시민을 보호하는 최후 보루이자 공동체의 원리와 이상을 집약해놓은 것이 헌법일 테니까. 그러려면 헌법에 대해 알아야겠지? 헌법 전문을 외울 필요는 없겠지만 기회가 된다면 시간을 들여 읽어보면 좋아. 충성과 희생 대신 우리가 가진 권리를 논하는 조항이 가득하니, 국가 앞에 당당하고 자유로운 시민으로 사는 데 도움이 될 거야.

11

교과서

중립은 없다

"학교는 중요한 진실을 회피한다."

–놈 촘스키(언어학자, 1928~)

교과서의 주인은 누구일까

중립이란 무엇일까? 중립을 이야기할 때 흔히 거론하는 게 언론이야. 신문의 중립을 '누가 신문의 주인인가'라는 측면에서 한번 살펴보자. 신문사에는 형식적 주인으로 사주社主가 있어. 그런데 기자들이 사주의 입맛에만 맞게 기사를 쓴다면 어떻게 될까? 아무도 그 언론사를 신뢰하지 않을 거야. 그렇게 본다면 신문의 주인은 따로 있어. 기사에 대한 최종 판단자, 즉 독자가 바로 신문의 주인인 셈이야.

하지만 현실에서 신문의 진짜 주인은 독자가 아냐. 그럼 진짜 주인이 누구냐고? 2017년 언론인 의식조사에 따르면 신문·방송 현장에서 일하는 일선 기자들이 꼽은 언론의 자유를 직·간접적으로 제한하는 영향력이 가장 큰 대상은 광고주(74.2

퍼센트)야. 그다음으로 편집·보도국 간부(58.4퍼센트), 사주나 사장(57.2퍼센트), 정부나 정치권(30.3퍼센트) 등이었지. 광고주는 특히 신문사에 큰 영향력을 행사하는 것으로 밝혀졌는데 경제신문(92.3퍼센트), 스포츠신문(82.9퍼센트), 중앙지(81.3퍼센트) 등으로 나타났지. 광고주가 언론사의 명줄을 쥐고 있는 셈이야.

실제로 어느 신문이든 지면의 상당 부분을 차지하는 건 광고이고, 방송사에서 광고는 없어선 안 될 수익처야. 2018년 2월 이재용 삼성전자 부회장이 구속된 이후 삼성은 한겨레, JTBC, SBS 등에 자사의 광고 게재를 중단한 적이 있어. 이들 언론사가 이재용 부회장의 문제를 집중 보도했거든. 이게 큰 기업체와 관련된 문제가 터지면 대다수 언론사가 쉬쉬하는 이유야. 광고주는 언론사가 자사에 불리한 보도를 하면 광고 중단 카드로 압력을 가하지.

신문의 사례처럼, 어떤 매체의 주인이 우리 생각과 다르게 따로 있는 경우가 있어. 너희가 학교에서 매일 들여다보는 교과서는 어떨까? 교과서의 주인은 그 책을 보는 학생일까? 아니면 교과서를 발행하는 출판사, 혹은 집필진에 속하는 교수나 교사일까? 안타깝게도 학생도, 출판사도, 교수도, 교사도 모두 교과서의 주인이 아냐. 그렇다면 교과서의 진짜 주인은 누구일까? 집필진에게 교과서를 어떠어떠하게 쓰라고 지시하는 주체가 있다면, 그 주체가 바로 주인 아닐까? 그렇게 본다면 교과서의 주인은 국가가 될 거야. 국가가 교육과정을 정하고 교과서의 검·인정을 결정하니까 말이야.

우리는 크게 두 가지 관점에서 교과서 문제를 살펴볼 필요가 있어. 첫째는 앞서 언급한 것처럼 '국가가 간섭하는 교과서는 중립적일 수 있을까'이고, 둘째는 '국가가 교과서 집필에 개입해서 얻는 것은 무엇이고 잃는 것은 무엇일까'야.

이것은 진짜 세상이 아니다

'인터넷의 바다'에는 매일 엄청난 정보가 넘실거려. 인터넷이 대중화된 2000년대 초반부터 웹상에 방대한 정보가 쏟아졌어. 시간이 흐를수록 정보의 양은 빠른 속도로 늘어났지. 하루에 생성되는 데이터 양은 얼마나 될까? 그 양은 자그마치 인류 문명이 시작된 이래 서기 2000년까지 생성한 데이터 양과 맞먹을 정도야. 하지만 빠른 속도로 커진다고 해서 인터넷 세상이 진짜 세상을 다 담을 수는 없지. 인터넷이 담아낼 수 있는 세상은 여전히 극히 일부에 불과해.

마찬가지로 교과서는 세상을 담고 있지만 세상 그 자체는 아니지. 벨기에의 초현실주의 화가 르네 마그리트(1898~1967)의 〈이미지의 배반〉이라는 그림 아래에는 불어로 "이것은 파이프가 아니다Ceci n'est pas une pipe"라고 적혀 있어. 파이프를 그린 것일 뿐 진짜 파이프가 아니라는 뜻이지. 이를 대상의 재현representation이라 불러.

아무리 정교하게 파이프를 그렸더라도 그림은 '진짜 파이프'일 수 없어. 그림은 실제 대상이 아냐. 그림을 통해 파이프를 본 것과 실제 파이프를 경험한 것과는 다르지. 직접 파이프를 보고 만지며 입에 물고 담배를 피워본 게 아니니까 말이야. 시각은 감각의 일부일 뿐 감각의 전체, 경험의 전체가 아니거든.

마그리트의 그림을 교과서에 적용해볼까? 교과서는 세상 그 자체가 아냐. 세상에 대한 그림일 뿐이지. 교과서만 보고서 세상을 안다고 말하기 어려운 이유야. 중세 철학자 토마스 아퀴나스(1225?~1274)가 남긴 "한 권의 책만 읽은 사람을 경계하라"는 말을 새겨들을 필요가 있어. 교과서라는 그림이 세상을 잘 반영한다면 문제가 적겠지만, 그림은 때때로 실제 세상을 가리기도 하고 실상을 파악하는 걸 방해하기도 하지.

오늘 있었던 일을 그림일기로 그린다고 가정해봐. 그림일기에 담은 이야기도 있고, 담지 않은 이야기도 있을 거야. 하루 동안 있었던 모든 일을 그림에 다 담을 순 없을 테니까. 결국 어떤 걸 버리고 어떤 걸 넣을지 결정해야겠지. 사람들은 교과서나 신문이 지극히 객관적일 거라고 생각하지만, 무엇을 다룰지 선택해야 한다는 점에서 어느 정도는 주관적이야. 저자와 기자가 세상을 바라보는 시선이 교과서와 신문의 내용에 영향을 미칠 수밖에 없지.

사실 교과서를 온전히 책으로 봐야 하는지도 의문이야. 교과서를 책처럼 읽을 수 있을까? 보통의 책은 상상과 비판을 허용해. 내용을 곧이곧대로 받아들이는 게 아니라 자유롭게 상상하고 비판할 수 있지. 그러나 교과서는 비판을 허락하지 않아. 절대적 진리가 아닐 수도 있는데 정답으로 외우기를 유도하니까 말이야.

혹시 《홍길동전》의 작가가 허균이 아닐 수도 있다는 사실을 알고 있어? 학계에서는 작자 미상으로 가는 분위기지만 여전히 학교에서는 《홍길동전》의 저자를 허균으로 가르치지. 이런 불일치는 아마도 '애국적' 태도에서 빚어졌을 거야. 한글소설의 시작점을 앞당기고 싶은 애국적 욕망 때문에 역사를 '보고 싶은 대로' 보는 거지. 미국의 세계적인 언어학자 놈 촘스키는 "학교는 중요한 진실을 회피한다"라고 말한 바 있어. 학교는 중요한 진실을 알리는 것보다 국가가 승인하고 인정하는 것을 주입하지.

있는 것, 늘린 것, 꾸민 것

일본의 역사 교과서는 독도를 자국 땅이라고 주장하는 등 역사를 왜곡하고 있어. 2000년대에는 중국이 '동북공정'이라는 이름 아래 고구려, 발해 등 중국 국경과 인접한 지역의 역사를 자국 역사로 삼는 역사 프로젝트를 진행한 적이 있지. 주변국과의 갈등에도 불구하고 국가 차원에서 역사를 왜곡하는 이유가 뭘까? 대개는 영토 분쟁과 관련돼 있어.

조지 오웰은《1984》에서 "과거를 지배하는 자가 미래를 지배한다"라고 말했어. 이어서 "현재를 지배하는 자가 과거를 지배한다"라고도 했지. 이 말은 권력을 잡은 쪽이 자기들의 역사적 정당성을 위해서 역사를 왜곡한다는 뜻이야.

우리에게도 역사 왜곡의 시도가 있었어. 국정농단으로 탄핵된 박근혜 정권은 집권 당시 한국사 교과서의 국정화를 추진했었지. 교과서를 제작하는 동안 집필진을 철저히 비밀로 했고, 결국 유례없는 '작자 미상 교과서'가 탄생했지. 이 교과서가 과연 정치적으로 중립적일 수 있을까? 조지 오웰은《나는 왜 쓰는가Why I Write》에서 "어떤 책이든 정치적 편향으로부터 진정으로 자유로울 수 없다. 예술은 정치와 무관해야 한다는 의견 자체가 정치적 태도인 것이다"라고 말했어. 바꿔 말하면 교과서 역시 정치와 무관해야 한다는 의견 자체가 이미 정치적인 태도인 거야. 여기서 '정치적'의 의미는 진보와 보수처럼 세상을 특정 방향으로 밀고 가려는 태도나 가치관을 뜻해.

교과서에 어떤 내용을 실을지, 학생들에게 무엇을 가르칠지 등을 결정하는 일은 결코 정치와 무관할 수 없어. 학교는 늘 정치를 논하고 정치적 가치를 다루는 곳이거든. 김준산 선생님은 《교사, 가르고 치다》라는 책에서 학교 현장의 분위기를 다음과 같이 전했어.

> 5·18을 기꺼이 잊고 싶은 윗분들의 입김이 거세기 때문에, 학교에서 5·18은 매우 조용한 날입니다. 3·1절이나 광복절의 계기 교육(학교 교육과정과 상관없이 특정한 주제를 가르치는 교육)은 빠지지 않고 하지만, 5·18에 대한 계기 교육은 '피할 수 있으면 피하라'는 식입니다.

어느 한쪽으로 털끝만치도 안 치우친 입장은 사실 거의 없어. 세상 모든 입장이 다 그래. 어떤 사실을 더 인정하느냐, 부정하느냐의 문제이지 현실에서 중립 같은 건 없다고 해도 과언이 아니야. 하워드 진은 "달리는 기차 위에 중립은 없다"고 말했어. 현실은 달리는 기차와 같지. 덜컹거리는 기차 위에 서서 절대적 중립을 말한다는 건 어폐가 있어. 학교도 마찬가지야. 정치적 중립을 강조하는 학교가 어쩌면 더 정치적일 수 있지.

'교과서의 힘'에 대해 생각해볼 필요가 있어. 아마도 너희는 학교에서 배운 지식이 실제 삶과는 겉돈다고 여길지 몰라. 교과서를 통해 배운 지식은 학교 시험에만, 기껏해야 대학 입시까지만 유용하다고 말이야. 그러나 살아가는 데 전혀 쓸모없을 것 같은 교과서의 지식은 의외로 강력한 힘을 발휘하기도 해. 너희가 나중에 어른이 되었을 때, 학교에서 배운 것들은 결정적인 순간에 인식과 판단의 지렛대로 작용하거든.

가령 평소에 깊이 생각해보지 않은 최저임금 인상, 대기업 규제, 노조 파업 등 시사 문제에 대해 토론하는 자리에 참여했다고 해보자. 갑자기 자기 생각을 말해야 될 때 학교에서 배운 경제·사회 과목 지식들을 의도치 않게 끄집어내게 되지. 쓸모없다고 치부했던 지식들을 토론의 땔감으로 사용하는 거야. 교과서 지식 외에 참고할 다른 준거가 마땅히 없다면 더더욱 그렇지. 그래서 결정적 순간에 박제된 상태였던 교과서 지식이 살아 꿈틀대는 상태로 바뀌지. 수업에 충실했든, 그렇지 않았든 상관없이 말이야.

'죽은 지식'이 '산지식'으로 부활하는 경우는 두 가지가 있어. 첫 번째는 정말로 교과서의 지식을 진리로 믿는 경우고, 두 번째는 진리로 생각하지 않지만 교과서 말고는 참고할 만한 것이 달리 없기 때문에 진리인 척 말하는 경우야. 동기 면에서는 차이가 있지만, 결과적으로 차이가 없어. 어차피 두 번째 경우 딱히 대신할 다른 지식이 없기 때문에 교과서에 기대어 판단하는 거니까. 결국 전자든 후자든 교과서가 강력한 힘을 발휘하는 거지.

없앤 것, 줄인 것, 뒤튼 것

혹시 학교에서 배우는 것 중에서 불필요하다고 느낀 게 있어? 반대로 학교에서 가르치지 않지만 배울 필요가 있다고 생각한 게 있어?

나는 학교에서 제대로 가르치지 않지만 꼭 배워야 할 다섯 가지가 있다고 생각해. 안전, 환경, 노동(인권), 피임(법), 민주주의야. 사람이 살아가는 데 꼭 필요한 내용이지. 아예 안 가르치는 건 아냐. 그러나 대부분 수박 겉핥기야. 가령 민주주의에 관한 지식을 배우긴 하지만 학교 안에서 민주주의를 어떻게 실천할지에 대해서는 거의 배우지 않잖아? 안전도 마찬가지야. 형식적으로 교육하지만 그 내용이 부실하고 짧지. 심폐소생술, 심장충격기 사용법, 생존 수영법 등에 대해서 제대로 수업 받은 적 있니? 생존 수영의 경우, 이론적으로 공부하고 실습해보긴 해. 초등학교 3학년 때 여섯 번, 4학년 때 두 번. 그런데 그게 다야. 생존을 보장받기는커녕 수영복만 적시는 수준이지.

보호, 보호, 보호……. 학교는 '보호'를 부르짖지. 안전을 위해서 학생들을 위험으로부터 철저히 분리해야 한다는 논리야. 여기에는 두 가지가 포함돼 있어. 첫째는 위험으로부터의 격리, 둘째는 위험에 대한 무지야. 안전을 위해 위험 요인을 철저히 제거하되 학생들은 위험과 관련해서 전혀 알 필요가 없다는 거야. 안전은 중요해. 그런데 학교만 무균실로 만든다고 학생들이 안전할까? 세상이 병원균으로 가득하다면 학교가 아무리 깨끗해봤자 소용없겠지. 그보다는 면역력을 키워주는 게 우선 아닐까? 위험을 숨기고 감출 게 아니라 위험에 대처하는 힘과 능력을 길러줘야 해.

"우리가 왜 이 탑에서 지내는지 알지? 너를 안전하고 건강하게 지키기 위해서야. 무엇이 최선인지는 엄마가 잘 알아. 엄마 말을 들으렴."

애니메이션 〈라푼젤〉(2010)에 나오는 대사 중 일부를 각색했어. 엄마는 라푼젤이 꽃처럼 약하다는 핑계를 대며 열여덟 살이 될 때까지 탑 안에만 가둬두지. 교통사고의 위험이 있으니 차에 타면 안 되는 걸까? 그렇지 않아. 안전벨트의 중요성을 잘 알고 안전운전에 주의해 위험성을 낮추면 돼. 안전과 함께 위험도 배워야 자기를 지킬 수 있어.

우리는 '보호'에 대해서 잘 생각해봐야 해. 때로는 '보호'가 '불상사'를 낳기도 하고, '보호'라는 이름으로 '통제와 억압'이 벌어지기도 하니까. 강자는 보호라는 가면을 쓰고 약자를 통제하기도 해. 보호가 감금, 통제, 억압의 그럴 듯한 외피가 되는 거야.

'외국인 보호소'에 대해서 들어본 적 있어? 이곳은 미등록 이주 노동자들을 잡아다 본국으로 추방하기 전까지 가둬두는 시설이야. 2007년에는 여수 외국인 보호소에서 화재가 발생해 구금된 스물여덟 명의 외국인들이 죽거나 다쳤어. 화재가 발생했는데도, 혹시나 도망갈까 싶어 잠금장치를 제때 풀지 않아서 발생한 참사였지. 이런 시설이 버젓이 보호소라는 이름으로 불리고 있어. 약자를 위한 진정한 보호가 아니기 때문에 그 보호는 가변적이고 허술할 따름이야.

즉 약자는 강자의 변덕에 자신의 안전을 맡겨야 하는 운명인 거야. 약자에게 필요한 건 어설픈 보호가 아니야. 자유와 권리의 보장이지.

교과서가 사라진 세상

삶이 없는 앎, 진짜 공부가 빠진 학교 교육, 이 모두가 교사들 탓이라고 말하긴 어려울 거야. 교사들 역시 거대한 시스템 앞에서 무력할 뿐이니까. 주어진 교과서가 있고 정해진 교육과정이 있어. 더 가면 입시가 버티고 서 있고. 교사들이 자율적으로 가르치기 어려운 구조야. 이런 구조에서 교사는 지식 전달의 기능인이 될 수밖에 없어. 학생 역시 스스로 배우고 익히는 탐구자보다는 지식을 주입받고 암기하는 기능공에 가깝지. 이건 '살아 있는 교육'이 아니라 '죽은 교육' 아닐까?

"카르페 디엠carpe diem!"

현재에 충실하라는 뜻의 라틴어야. 영화 〈죽은 시인의 사회〉(1989)의 키팅 선생님은 이 말을 자주 하면서 아이들에게 지금 간절히 원하는 일을 찾아 열정을 쏟아부으라고 말하지. 그러나 '전통, 명예, 최고'라는 규율에 따라 살아가는 아이들은 선생님의 말을 잘 이해하지 못해. 키팅 선생님은 아이들을 일깨우기 위해 독특한 수업 방식을 활용해. 가령 아이들을 책상 위로 올라가게 하거나 책상 위에 서서 주변을 둘러보라고 해. 사물을 다르게 볼 수 있도록 하기 위해서야. 또 수업 시간에 학생들에게 문학책의 서문을 찢으라고도 해. 교과서의 해석에 얽매이지 말고 문학작품을 자유롭게 감상하라는 뜻이었어.

영화처럼 교과서를 찢으라고 말할 교사는 현실에 과연 몇이나 될까? 거의 없다고 봐야지. 당장 학부모들이 "우리 아이 대학 못 가면 당신이 책임질 거냐"라고 항의할 테니까. 게다가 교과서 없는 수업을 교사 스스로도 감당하기 어려울 거야. 수업 시간에 무얼 가르쳐야 할지, 어떻게 가르쳐야 할지 고민될 테니까. 또 평가의 어려움도 있어. 전교생이 똑같은 방식으로 평가받는 구조에서는 교과서를 없애기가 쉽지 않거든.

지금의 대한민국 교육은 국민을 통제하는 비인간적인 제도에 가까워. 여기엔 교과서와 교육과정에 대한 독점도 중요한 역할을 하고 있어. 교과서에 실릴 정보와 지식을 독점함으로써 정답을 독점하고 암기식 · 주입식 수업을 강요하며 학생에 대한 교사의 지배권을 강화하고 있거든. 덕분에 학생을 규율로 통제할 수 있는 거야.

획일화된 교과서를 통한 교육은 결국 문제를 풀고 정답을 찾는 교육일 뿐이야. 우리는 왜 다른 사람들이 낸 문제를 풀기 위해 인생의 중요한 시기를 바치고 있을까? 대학교에 잘 가기 위해서? 그다음은? 주어진 문제를 푸는 것도 중요하지만, 더 중요한 건 새로운 문제를 발견하는 일이 아닐까? 사회에 나오면 문제집 속의 문제 같은 건 없지. 매번 새로운 문제에 부딪히

68혁명 당시 벽을 가득 채웠던 벽보들.
'모든 금지된 것을 금지하라'는 68혁명의 슬로건처럼 누구나 자유롭게
어떤 주제든지 글을 써 붙일 수 있었고 자신의 생각을 말할 수 있었다.

고, 그것을 해결하는 과정이 직장에서의 업무일 테니까. 인생 자체가 그럴 거야. 새로운 문제에 직면해서 갈등하고 고민하고 해결하는 과정이 우리의 삶 아닐까?

1968년 프랑스에서는 사회·정치적 변화를 요구하는 집회와 시위가 끊이지 않았어. 이를 일명 '68혁명'이라 부르는데, 향

후 프랑스 사회를 바꾸는 중요한 계기가 되었지. 68혁명 당시의 학생들은 이렇게 외쳤다고 해.

"이제, 우리가 문제를 내자!"

그건 사회가 강요하는 정답에서 벗어나 사회를 새롭게 보고 문제를 제기하겠다는 의사 표현이었어. 어때? 우리도 이제 우리가 문제를 내보는 건?

12
게시판
시민 없는 시민 교육

"대부분의 사람들은 '참여'할 때 가장 공부를 잘한다."

– 이반 일리치(철학자, 1926~2002)

게시판과 '방'

벽보壁報는 벽이나 게시판에 붙여 널리 알리는 글을 뜻하는 말이야. 담벼락에 걸린 글은 사람들의 관심을 모으고 여론을 움직일 수 있어. 벽에 붙이는 글에는 크게 두 갈래가 있어.

먼저, 평범한 사람들이 국가나 사회에 대한 불만을 벽에 쓰거나 붙이는 벽서壁書야. 우리 선조들은 탐관오리를 욕하고 조정을 비난하는 벽서를 붙이곤 했지. 중국에도 대자보라는 것이 있었어. 문화혁명기 때 중국 인민이 자기들의 견해를 주장하기 위해 붙인 대형 게시문이 대자보야. 대자보는 요즘 대학가에서도 볼 수 있어. 학교 정문 근처나 건물 입구에 여러 장의 전지에다 알림 형식으로 써놓은 글들을 대자보라고 하지.

벽서는 지배층이 원하지 않는 쪽으로 여론을 움직이기도

했어. 그래서 소위 '불온 유인물'을 강력하게 단속하고 금지했지. 그렇지 않으면 기득권의 지배 구조를 흔들지도 모른다고 생각했거든. 조그만 틈 때문에 큰 댐이 무너지듯이 말이야. 기득권을 지키려는 세력은 이런 벽서를 금지하고 대신 국가 시책을 알리는 '방'을 붙여왔어. 이게 바로 벽보의 또 한 가지 갈래야.

교실에도 '방'이 있어. 그게 뭘까? 바로 게시판이야. 게시판이 방인 이유는 학생들의 자유로운 참여가 어렵고 대부분 선생님만 손댈 수 있기 때문이야. 교실의 게시판은 오직 학교와 교사의 입장을 일방적으로 전달할 뿐이지. 학생들은 보기만 하고 손대면 안 된다는 점에서 게시판은 교실 민주주의의 실체를 보여주는 상징물이라고 할 수 있어. 이번에는 게시판을 주제로 학교 민주주의에 대해서 생각해볼까?

게시판에 걸린 민주주의

학교에서는 환경 미화라는 이름 아래 정기적으로 교실 대청소를 하지. 환경 미화는 말 그대로 더럽고 지저분한 교실 공간을 깨끗하고 아름답게 꾸민다는 의미야. 그런데 때론 옆 반과 경쟁하며 꾸미기에 열중해. 더 좋은 환경을 만들기 위한 경쟁이라면 꼭 나쁘다고 말하긴 어려울 거야. 심사를 위한 경쟁이 펼쳐질 때가 문제인 거지. 학생들의 삶과 더 나은 교육을 위해 공간을 꾸미는 게 아니라 남들에게 보여주기 위해 치장하는 것에 불과하니까 말이야.

그런데 이 환경 미화에서 빠지지 않는 것이 바로 게시판 꾸미기야. 마치 공통된 교사 매뉴얼이 있기라도 하듯 전국의 게시판이 천편일률적이지. 각종 입시 자료나 가정통신문 같은 학교 홍보물로 채워지거든. 교실 뒤를 한번 볼래? 어때? 너희들이 자발적으로 참여해 꾸민 공간이 아니지? 게시판을 관리할 권한은 전적으로 담임교사가 갖고 있어. 이것을 민주적이라 말할 수 있을까?

학교에서 회장단을 뽑고 학급회의를 하는 것은 모두 민주주의에 대한 연습일 거야. 그런데 선출된 대표가 실제로 학생들을 '대표'할 일은 거의 없어. 학생들을 대표하기보다 교사의 일을 보조하는 경우가 더 많아. 과제물을 걷어서 내거나 칠판에 떠든 사람의 이름을 적는 일 같은 거지. 상황이 이런데 학생 대표들이 모인 학생회는 학교의 한 주체로서 학교운영위원회에 참여할 수 있을까?

학교운영위원회에서 제정하고, 학생들에게 중요한 영향을 미치는 교칙을 한번 보자. 학교에서는 세부적인 것까지 제재하고 처벌해. 시간(지각, 결석, 굼뜸), 품행(반항, 말대꾸, 버릇없음), 활동(태만, 부주의), 말(욕설, 잡담, 무례함), 성적 표현(저속함), 몸(불결, 부적절한 몸짓, 단정치 못한 자세) 등이 모두 제재 대상이야.

학생들에게 교칙을 지키라고 요구하기 전에 먼저 따져봐야 할 문제들이 있어. 정해진 교칙이 민주적 절차를 거쳐 만들어졌는지, 또 학교 구성원의 의견을 반영하고 있는지 등이야. 교칙에 불만이 있을 때 공식적으로 의견을 제시할 통로가 과연 있을까? 교칙을 정하는 과정에 학생들은 참여하기 어려워. 학생회를 통해 의견을 개진할 수 있지만, 의견을 수렴하는 과정은 대개 형식적이야. 학생회의 의견을 귀담아듣고 교칙에 반영하는 경우가 거의 없거든.

자기 삶에 심대한 영향을 미치는 의사결정 과정에 참여할 수 없다면 그건 민주주의가 아니지. 모든 이해 당사자, 즉 교사와 학부모를 포함해 학생까지 학교의 중요한 결정에 참여할 수 있어야 민주주의야. 그런데 학교 현장에서 아이들은 민주주의를 귀찮아하기도 해. 왜 그럴까? 학생들 스스로 규칙을 만들고 자율적으로 지키는 데 익숙하지 않아서일 거야. 자유보다 통제를 먼저 배우고 자율보다 타율에 익숙해진 거야. 선생님처럼 어떤 권위적 존재가 문제를 해결해주면 편하거든. 어쩌면, 임원 선거나 학급회의 등이 모두 흉내 내기에 불과한 민주적 절차라는 사실을 경험적으로 알기 때문일 수도 있겠지.

영어로 '바보'란 단어 'idiot'의 어원은 공적인 일에 무관심하고 사생활이나 사적 이익만 추구하는 사람을 가리켜. 고대 그리스인들은 공적인 일, 즉 정치에 무관심한 사람들을 이디오테스idiotes라고 불렀어. 이디오테스는 자기 자신idion만을 생각하는 사람, 한마디로 공적으로 '쓸모없는 사람'을 뜻하지. 그 말이 바보의 어원이야. 아테네 민주정의 지도자였던 페리클레스(B.C.495?~B.C.429)는 한 사람 안에 사인私人과 공인公人이 공존한다고 봤어. 아테네 민주정이 이상으로 삼은 시민상像 역시 '사적인 일res privata'과 '공적인 일res publica'에 두루 책임을 다하는 사람이지. 작가 최인훈이 《광장》에서 날카롭게 구분한 밀실(사적인 삶)과 광장(공적인 삶)을 아우르는 삶이야.

진짜 민주주의를 찾아서

민주주의란 뭘까? 링컨은 민주주의를 '국민의, 국민에 의한, 국민을 위한of the people, by the people, for the people'이라고 정의했어. 한마디로 '시민'이 국가의 주인이라는 거야. 그렇다면 학교 민주주의는? 당연히 학교 구성원이 학교의 주인이 되어야지.

학교를 민주적 공간으로 바꾸려면 어떻게 해야 할까? 경기도교육청이 만든 '학교 민주주의 지수'라는 게 있어. 크게 세 가지 영역을 평가하는데, 학교 문화(민주적 가치체계의 형성과 공유, 민주적 소통과 수평적 관계 맺기, 인권 친화적 학교 문화), 학교 구조(학교 민주주의를 위한 인적·물적 자원과 토대, 민주적 리더십 구축, 민주적인 의사결정 체제 구축하기), 민주 시민 교육 실천(교육과정 속에서의 민주 시민 역량 함량, 학교생활 속에서의 민주 시민 역량 함양, 학교 안과 밖의 연계를 통한 민주 시민 교육) 등이야.

이를 정리하면 '관계의 민주주의'와 '교육 내용의 민주주의'로 나눠 묶을 수 있어. 하나씩 따져볼까? 첫째, 현재 교사와 학생, 학교와 학생의 관계가 과연 민주적일까? 그러려면 학생들이 자기 목소리를 낼 수 있어야 하고, 자기 삶에 영향을 미치는 의사결정 과정에 참여할 수 있어야 해. 둘째, 지금 교육 내용이 민주주의를 다루고 있고, 교육 내용의 결정은 민주적일까? 그렇게 말하려면 교사와 학생이 함께 찾아가고 만들어가는 교육이 되어야겠지. 이런 과정을 거쳐 지금의 학교는 반민주적 공간에서 민주적 공간으로 '형질 전환transformation'될 필요가 있어.

그러나 현실은 아직 어두워. 가령 학생들이 자발적으로 모여 학교를 비판하는 집회를 열면 어떻게 될까? 즉각 해산, 주동자 색출, 징계 등의 순서대로 학생들을 탄압하겠지. 경기도가 학생인권조례를 만드는 과정에서 가장 반대가 심했던 항목이 무엇이었을까? 바로 학생들의 '집회의 자유'였어. 집회의 자유를 보장하면 학교가 심각한 혼란에 빠질 거라는 이유 때문이었지. 결국 학생인권조례는 집회의 자유를 삭제한 채 통과되고 말았어.

집회의 자유를 허용하면 어린 학생들이 정치인이나 외부 세력에 이용당할 수 있다고 걱정하는 어른들이 있어. 2009년 한 신문사는 〈경기도가 '10대 정치꾼'을 양산하는 법〉이라는 칼럼에서 "정치적 성향이 있는 청소년들의 인터넷 카페에선 각종 선언과 성명이 난무한다"며 "남의 애를 정치꾼으로 만들 권리, 이용할 권리, 망칠 권리는 없다"라고 썼어. 그런데 정말 그런 가능성 때문에 정치적 권리를 제한해야 할까? 그런 논리라면 60~70대 어르신들 중 일부가 식사나 향응을 제공한 후보자를 찍어주는 일이 있었으니 60~70대 전체의 투표권을 박탈해야 한다는 이야기도 나올 수 있지 않을까?

학생들이 정치에 관해 자기 목소리를 내면 '정치꾼'이 되는 걸까? 교복을 입은 민주 시민으로서 당연한 권리 아닐까? 프랑스에는 어린이 의회가 있어. 놀랍게도 어린이 의회를 통과한 법률은 성인 국회에서 의무적으로 다루게 돼 있지. 어린이에게 민주주의를 직접 경험하게 하면서 예비 민주 시민으로 인정하는 거야. 우리나라도 2004년 프랑스를 벤치마킹해 도입했어. 그런데 우리는 프랑스처럼 어린이 의회를 통과한 법률을 국회에서 다루지 않아.

역사에 등장하는 수많은 운동이나 혁명은 하나의 집회에서 시작됐어. 1963년 20만 명이 넘는 사람들이 모인 '워싱턴 대행진'은 흑인과 백인의 전용 구역을 나누고 흑인을 짐승 취급하던 시절, 흑인들이 폭행과 체포를 각오하고 모여서 "나는 사람이다!"라고 외친 운동이야. 2008년 서울 청계광장에서 미국산 소고기 수입 반대를 위해 모인 촛불집회는 중·고생을 포함한 수십만 명의 시민이 참여했지. 2016년 박근혜 전 대통령 탄핵 촛불집회도 마찬가지였어. 연인원 1,700만 명이 모여 민주주의를 외치고 국민 주권을 부르짖었어. 시민의 자발적인 참여와 평화적인 시위로 이어졌던 촛불집회는 세계 민주주의 역사의 진전을 이뤘다는 평가를 받았지.

철학자 이반 일리치는 '참여가 곧 공부'라고 주장했어. 《학교 없는 사회》에서 "모든 공부는 수업의 결과가 아니다. 도리어 그것은 타인의 개입 없이 의미 있는 상황에 (직접) 참여한 결과다. 대부분의 사람들은 '참여'에 의해 가장 잘 공부한다"라고 했지. 참여는 시민의 권리이자 의무야. 너희 역시 이 사회의 시민이지. 본인이 특별히 관심 가는 일에, 특히 자신의 권리와 관련된 일에 적극적으로 참여하는 게 진짜 공부야. 구성원이 참여하지 않는 민주주의는 민주주의가 아냐. 참여만이 민주주의를 지키는 길이야.

참정권을 허하라

청소년들의 사회적 발언이나 행동에 대해 어른들은 흔히 "어린 것들이 뭘 안다고 나서?"라고 말하지. 친일파 이완용은 〈매일신보〉에 3·1운동 경고문을 발표하면서 "아직도 깨닫지 못한 기자기질其子其姪이 여전히 몰각한(몰지각한) 행동을 하고 있어"라고 말한 바 있어. '기자기질'은 바로 '어린 것들'을 가리켜. 어린 것들 운운하는 태도는 청소년을 불완전한 존재로 못박는 것과 같아. 불완전하다는 규정으로 청소년의 손발을 묶어 버리는 거지. 이처럼 권위를 앞세워 청소년의 활동을 제한하려는 어른들은 공통적으로 합리적 근거가 아닌 물리적 나이를 내세우기도 해.

"청소년이 무슨 정치냐"라고 말하는 사람들 때문에 한국에서는 만 19세가 되어야 투표를 할 수 있어. OECD 36개 회원국 중 35개국이 선거 연령을 만 18세로 하고 있어. 예외는 한국

뿐이야. 심지어 만 16세인 나라도 있어. OECD 회원국인 오스트리아를 포함해 몰타·쿠바·브라질·에콰도르·니카라과·아르헨티나 등 7개국이 그래. 선거 연령이 만 19세 이상인 나라는 세계적으로도 몇 개국 되지 않아. 심지어 북한조차 선거 연령이 만 17세야.

알고 있니? 우리 법률은 대통령은 만 40세, 국회의원은 만 25세 이상으로 연령 제한을 두고 있어. 한 나라를 통치하려면 적어도 40세가 되어야 한다는 거야. 이 생각은 어디에서 나왔을까? 공자는 40세를 '불혹不惑'이라 했어. 유혹에 흔들리지 않고 올바르게 판단할 수 있다는 뜻이지. 만약 그렇다면 국회의원도 40세 이상으로 제한해야 했을 텐데 그 격차가 언뜻 설명이 안 돼. 한 나라의 법을 만드는 일 역시 나라를 통치하는 것만큼 중요한데 말이야.

주요 나라들의 피선거권 연령을 살펴볼까? 독일·호주·캐나다·스웨덴·스페인·헝가리·뉴질랜드 등은 의원들의 연령을 선거권과 같이 만 18세로 하고 있어. 다음으로 오스트리아는 만 19세, 영국·러시아·폴란드·브라질·멕시코·싱가포르·이스라엘 등은 만 21세, 프랑스는 만 23세로 하고 있지. 독일의 경우는 안나 뤼어만(1983~)이라는 여성이 만 15세에 녹색당에 가입해 정치 활동을 시작한 뒤 만 19세에 하원의원에 선출된

적이 있어.

그와 비교하면 우리나라는 청소년을 아직 불완전한 존재로 여기는 듯해. 만 18세까지는 정치적 판단을 내리기에 미숙하다고 보는 거야. 그런데 만 19세가 되었다고 해서 바로 성숙한 존재로 둔갑해 정치적 판단이 가능해지는 걸까? 정치적 성숙과 올바른 판단은 건강한 시민의식과 민주의식을 가진 사람이면 누구나 가능한 게 아닐까? 물리적 나이가 아니라 정치의식에 달려 있다고 봐.

만 19세 선거권은 법리적으로도 앞뒤가 맞지 않아. 왜냐고? 병역법에 따르면 만 18세 이상이면 군대에 자원입대할 수 있거든. 결국 국방의 '의무'만 있고 투표의 '권리'는 없는 셈이야.

청소년의 참정권이 보장된다면 그 삶의 질도 한층 달라질 거야. 참정권과 여타 인권은 떼려야 뗄 수 없는 관계거든. 다른 선거는 국민 정서상 시기상조라도, 최소한 교육감 선거만이라도 만 18세, 더 낮춘다면 만 16세에 선거권을 줘야 하지 않을까? 교육감 선거는 청소년의 삶과 직접적으로 맞닿아 있으니까. 따라서 청소년의 참여를 다른 선거보다 더 보장할 필요가 있겠지.

그러나 교육감 선거에도 청소년의 참여는 요원해. 참정권이 만 20세에서 만 19세로 낮아진 게 2005년이야. 만 20세에서 만

19세가 되는 데에도 수십여 년이 걸린 셈이지. 참정권이 다시 만 18세로 낮아지려면, 그게 교육감 선거만이라도 적용되려면 또 얼마나 오래 기다려야 할까? 청소년은 교육의 대상일 뿐 주체는 될 수 없는 걸까?

진정한 '열린 게시판'이란

게시판은 담임교사가 허락하지 않으면 학생이 손댈 수 없는 금지 구역이야. 담임교사의 허락이나 동의를 구하지 않고 학생들이 자기 생각과 의견을 담은 게시물을 자유롭게 게시하는 일은 있을 수 없어. 설사 학생들의 흔적이 담긴 게시물이 걸리더라도, 그건 담임교사가 고른 것에 불과해. 대개는 학생들의 단순한 창작물 같은 것들이야. 게시판은 학생들이 자발적으로 참여해 꾸미는 주체적 공간이 아닌 거지.

교실 게시판과 상반된 게시판은 인터넷 게시판 아닐까? 인터넷은 누구나 자유롭게 글을 쓰고 게시할 수 있어. 방송사 시청자 게시판 같은 게 대표적이지. 학교 게시판도 그렇게 바꿀 수 없을까? 지금 같은 틀에 박힌 게시판이 아니라 자유롭게 의견을 썼다 지울 수 있는 화이트보드를 설치해도 좋을 거야. 학내 문제부터 정치·사회 문제까지 온갖 문제들을 꺼내놓고 이야기를 펼칠 수 있다면 더없이 좋지 않을까? 누구의 눈치도 보지 않고 자신의 생각을 자유롭게 꺼낼 수 있을 때 학교는 진정 민주적인 공간이 될 거야.

청소년은 정치의식이 미숙해서 그런 자유를 줘선 안 된다고 생각하는 사람들에겐 이 말을 꼭 들려주고 싶어.

"사회가 아이들을 대하는 방식만큼 그 사회의 정신을 분명하게 드러내는 것은 없다."

인권운동가이자 남아공의 첫 흑인 대통령 넬슨 만델라(1918~2013)가 한 말이야. 청소년의 정치의식이 미숙하다면, 그것은 청소년의 잘못이 아니라 정치에 무관심하도록 만든 교육 탓이 아닐까? 청소년을 미숙하게 여기는 생각과 태도가 청소년을 미숙하게 만드는 것일지도 몰라. 청소년이 당당한 민주 시민으로 성장하길 바란다면 어려서부터 민주주의를 경험하고 실천하도록 도와야 해. 그러려면 학생들에게 결정권과 참여 기회를 보장해야겠지.

우리 헌법의 근간을 이루는 4·19혁명은 고등학생들의 시위로 폭발했어. 3·1운동 주역 중 한 명인 유관순은 이화여자고등보통학교를 다니던 열일곱 살 소녀였지. 또 3·1운동 이후 가장 큰 항일운동 가운데 하나로 평가되는 '광주학생독립운동'은 어떻고. 1929년 11월 3일 광주에서 중·고생이 일본의 식민지 교육에 맞서 대규모 집회를 열고 '동맹휴학'이라는 집단행동에 나섰지. 어디 그뿐이야? '어린이'라는 말과 '어린이날'을 만든 소파 방정환, 그는 겨우 아홉 살 때부터 '소년입지회'라는 모임을 만들어 강연회와 토론회를 이끌었어.

부모님들은 자녀가 책임감 있는 사람으로 자라길 바라지. 책임감 있는 사람이 되려면 어떻게 해야 할까? 무엇보다 자기 행동에 책임질 기회를 가져봐야 하지 않을까? 책임감은 저절로 길러지는 게 아냐. 책임질 수 있는 경험과 기회를 통해 키울 수 있는 거지. 책임감은 자율과 선택에서 나올 테니까. 남이 억지로 시켜서 한 일에 대해 책임감을 느낄 사람이 얼마나 될까? 사람은 자기가 선택하고 행동한 것에 대해서만 스스로 책임지려 하지. 책임감이 있어야 어른도 되고 민주 시민도 될 수 있어.

참고문헌

1. 거울

- 사빈 멜쉬오르 보네 지음, 윤진 옮김, 《거울의 역사》, 에코리브르, 2001.
- 소스타인 베블런 지음, 이종인 옮김, 《유한계급론》, 현대지성, 2018.
- 스탕달 지음, 김현태 옮김, 《연애론》, 집문당, 2016.
- 윤동주 지음, 《하늘과 바람과 별과 시》, 〈자화상〉, 정음사, 1948.
- 조르조 아감벤 지음, 김상운 외 옮김, 《목적 없는 수단》, 난장, 2009.
- 플라톤 지음, 강철웅 옮김, 《향연》, 이제이북스, 2014.
- 칼 세이건 지음, 홍승수 옮김, 《코스모스》, 사이언스북스, 2006

2. 펜과 노트

- 이상주 지음, 《글쓰기로 내면의 상처를 치유하다》, 메이트북스, 2018.

3. 교복

- 앙드레 말로 지음, 김붕구 옮김, 《인간의 조건》, 지식을만드는지식, 2013.
- 에마뉘엘 레비나스 지음, 서동욱 옮김, 《존재에서 존재자로》, 민음사, 2003.
- 장 폴 사르트르 지음, 손우성 옮김, 《존재와 무 2》, 삼성출판사, 1997.
- 토머스 칼라일 지음, 박상익 옮김, 《의상 철학》, 한길사, 2008.

4. 성적표

- 미셸 푸코 지음, 오생근 옮김, 《감시와 처벌》, 나남, 2003.
- 이반 일리치 지음, 박홍규 옮김, 《학교 없는 사회》, 생각의나무, 2009.
- 유하 지음, 《나의 사랑은 나비처럼 가벼웠다》, 〈학교에서 배운 것〉, 열림원, 1999.

- 칼 세이건 지음, 홍승수 옮김, 《코스모스》, 사이언스북스, 2006.

5. 책상과 의자

- 아서 밀러 지음, 정영목 옮김, 《아이슈타인, 피카소》, 작가정신, 2002.
- 오세영 지음, 《수직의 꿈》, 〈햄버거를 먹으며〉, 시월, 2008.
- 이지(이탁오) 지음, 김혜경 옮김, 《분서 1》, 한길사, 2004.
- 자크 랑시에르 지음, 양창렬 옮김, 《무지한 스승》, 궁리, 2008.
- 전용주 지음, 《공자를 찾아가는 인문학 여행》, 문예출판사, 2018.
- 질 들뢰즈 지음, 김상환 옮김, 《차이와 반복》, 민음사, 2004.

6. 급훈

- 요한 하인리히 페스탈로치 지음, 김정환 옮김, 《페스탈로치가 어머니들에게 보내는 편지》, 양서원, 1991.
- 자크 랑시에르 지음, 양창렬 옮김, 《정치적인 것의 가장자리에서》, 길, 2013.
- 정여울 지음, 《마음의 서재》, 천년의상상, 2013.

7. 가방

- 사이토 다카시 지음, 이정은 옮김, 《곁에 두고 읽는 니체》, 홍익출판사, 2015.
- 폴 윌리스 지음, 김찬호 옮김, 《학교와 계급재생산》, 이매진, 2004.

8. 출석부

- 말레네 뤼달 지음, 강현주 옮김, 《덴마크 사람들처럼》, 마일스톤, 2015.
- 오찬호 지음, 《우리는 차별에 찬성합니다》, 개마고원, 2013.

9. 시계

- 루이스 멈포드 지음, 문종만 옮김, 《기술과 문명》, 책세상, 2013.
- 미하엘 엔데 지음, 한미희 옮김, 《모모》, 비룡소, 1999.
- 알베르 카뮈 지음, 김화영 옮김, 《알베르 카뮈 전집 2 - 작가수첩 1, 시지프 신화, 이방인》, 책세상, 2010.

- 에릭 홉스봄 지음, 정도영 옮김, 《자본의 시대》, 한길사, 1998.
- EBS 지식채널ⓔ 지음, 《지식ⓔ and: 가슴으로 읽는 우리 시대의 智識》, 북하우스, 2007.
- James Edwin Thorold Rogers, *Six centuries of work and wages*, Batoche Books, 2001.
- Juliet Schor, *The Overworked American: The Unexpected Decline Of Leisure*, Basic Books, 1991.
- Robert Boyle, *A Free Enquiry Into the Vulgarly Received Notion of Nature*, Cambridge University Press, 1996.

10. 태극기

- 문정희 지음, 《오라, 거짓 사랑아》, 〈배꼽나라〉, 민음사, 2001.
- 프리드리히 니체 지음, 정동호 옮김, 《차라투스트라는 이렇게 말했다》, 책세상, 2000.

11. 교과서

- 김준산 지음, 《교사, 가르고 치다》, 네시간, 2012.
- 놈 촘스키 지음, 강주헌 옮김, 《실패한 교육과 거짓말》, 아침이슬, 2001.
- 조지 오웰 지음, 이한중 옮김, 《나는 왜 쓰는가》, 한겨레출판사, 2010.
- 하워드 진 지음, 유강은 옮김, 《달리는 기차 위에 중립은 없다》, 이후, 2002.

12. 게시판

- 구민정 지음, 《민주주의를 만든 생각들》, 휴머니스트, 2011.
- 이반 일리치 지음, 박홍규 옮김, 《학교 없는 사회》, 생각의나무, 2009.
- 조엘 바칸 지음, 이창신 옮김, 《기업에 포위된 아이들》, 알에이치코리아, 2013.

학교 안의 인문학 1

사물 속에서 나를 발견하는 생각 도구들 12

초판 1쇄 발행 2019년 11월 25일
초판 3쇄 발행 2022년 2월 15일

지은이 | 오승현

발행인 | 박재호
편집팀 | 강혜진, 송지영
마케팅팀 | 김용범, 권유정
총무팀 | 김명숙

디자인 | 디자인 잔
일러스트 | 백두리
교정교열 | 김익신
종이 | 세종페이퍼
인쇄·제본 | 한영문화사

발행처 | 생각학교
출판신고 | 제25100-2011-000321호
주소 | 서울시 마포구 양화로 156(동교동) LG팰리스 814호
전화 | 02-334-7932 **팩스** | 02-334-7933
전자우편 | 3347932@gmail.com

ⓒ 오승현 2019

ISBN 979-11-88388-97-4 44190
979-11-88388-96-7 (세트)

이 도서의 국립중앙도서관 출판예정도서목록(CIP)은 서지정보유통지원시스템 홈페이지(http://seoji.nl.go.kr)와 국가자료공동목록시스템(http://www.nl.go.kr/kolisnet)에서 이용하실 수 있습니다.(CIP제어번호: CIP2019046349)

* 이 책은 저작권법에 따라 보호받는 저작물이므로 무단 전재와 복제를 금지합니다.
* 책의 일부 또는 전부를 이용하려면 저작권자와 생각학교(생각정원)의 동의를 받아야 합니다.
* 잘못된 책은 구입하신 곳에서 바꿔드리며, 책값은 뒤표지에 있습니다.